Monica Meier-Ivancan

DRINK THE RAINBOW

50 Smoothie-Rezepte
mit dem Extra-Kick
für deine Gesundheit

INHALT

VORWORT

„Eat the Rainbow“ – dieses Motto liegt gerade voll im Trend. Es soll uns dazu animieren, möglichst viele frische und bunte Zutaten zu essen, damit wir **jeden Tag eine gute Mischung aus Vitaminen und Mineralstoffen** zu uns nehmen. Aber wer hat wirklich die Zeit, jedes Mal so viel zu schnippeln und zu kochen? Und so entwickelte ich meine Idee zu „Drink the Rainbow“. Denn gemixt und getrunken geht das einfach schneller!

Der Auslöser war mein Frühstück. Manche Menschen canceln es, ich dagegen zelebriere es. Weil es mir guttut. **Gerade bei Frauen spielt richtiges Frühstücken auch für die Hormonbalance eine wichtige Rolle.** Lasse ich die erste Mahlzeit des Tages aus, bin ich zum Beispiel schneller gestresst, weil dadurch mein Cortisolspiegel steigt.

Vor Kurzem war mein Kalender ein paar Wochen am Stück übervoll. Ich saß ständig im Zug oder im Flugzeug, unterwegs von einem Termin zum nächsten. Und was blieb dabei als Erstes auf der Strecke? Das Frühstück. Ich war zu sehr in Eile, um mir meinen geliebten Porridge zu machen – geschweige denn, mich entspannt hinzusetzen und ihn zu genießen. Stattdessen stand ich frühmorgens am Bahnhof oder am Flughafen und schaute auf das ernährungstechnisch traurige Angebot: Croissants, Müsliriegel und pappsüße Porridge-Mischungen, die nicht, wie ich es mache, in reinem Wasser gekocht und mit Mandelmus und Zimt verfeinert sind.

Ich brauchte einen Plan B – idealerweise „to go“. So begann ich, mir nach dem Aufstehen Smoothies zum Mitnehmen zuzubereiten. Das dauert höchstens zehn Minuten. Wichtig ist mir, dass die Smoothies alles enthalten, was mein Körper braucht, und sie mich lange satt machen – also benötigen sie **die drei Makronährstoffe Eiweiß, Fett und Kohlenhydrate.** Nach dem Mixen kommt gleich alles in einen auslaufsicheren Trinkbecher. Schon kann ich unterwegs mein individuelles Wohlfühl-Frühstück zu mir nehmen!

Und weil es mit der Frühstücks-Variante so gut funktioniert hat, sind Smoothies jetzt rund um die Uhr ein fester Bestandteil meines Speiseplans. Ich tue mir trotz Stress etwas Gutes – egal, ob morgens, mittags oder abends. Spezielle Power-Zutaten sorgen dafür, dass die Smoothies mir ganz nach Wunsch mehr Energie und gute Laune schenken, mich beim Sport unterstützen oder mir beim Einschlafen helfen.

Ich habe euch meine **55 liebsten Rezepte** zusammengestellt: warm, kalt, süß, herzhaft – da ist für jeden Geschmack, jedes Anliegen und jede Uhrzeit etwas dabei. Probiert's aus!

Eure

WARUM EIGENTLICH SMOOTHIES?

Was meine Smoothies so besonders macht, wie sie für mehr Kreativität und Nachhaltigkeit in der Küche sorgen und warum sie Selbstliebe fördern können …

DER RICHTIGE MAKROMIX

Ich stelle meine Smoothie-Rezepte nach dem gleichen Prinzip zusammen, nach dem ich jede meiner Mahlzeiten einem schnellen Check unterziehe. Als ausgebildete Ernährungsberaterin schaue ich genau hin: Habe ich **alle drei Makronährstoffe** (Kohlenhydrate, Fett und Eiweiß) auf dem Teller – und in ausreichender Menge?

Die Vorgaben für eine ideale Mahlzeit ändern sich von Zeit zu Zeit, entsprechend dem jeweiligen Stand der Wissenschaft. Die Mediziner der renommierten amerikanischen Universität Harvard empfehlen aktuell **50 Prozent Obst und Gemüse, 25 Prozent Vollkornprodukte und Pseudogetreide** (z. B. Quinoa, Amaranth, Buchweizen) **sowie 25 Prozent Eiweiß** aus Fisch, Tofu, Linsen und Co. Dazu **in Maßen gesunde Fette** wie in Olivenöl, Nüssen oder Avocados.

Makronährstoffe sind die Bausteine, die unser Körper benötigt, um funktionieren zu können: **Kohlenhydrate** (Obst, Gemüse, Vollkornprodukte) liefern uns die nötige Energie, um durch den Tag zu kommen, **Eiweiß** bringt Aminosäuren mit, die für den Aufbau von Gewebe und Hormonen unerlässlich sind. **Fett** dient als Energiereserve und Baustoff für unsere Zellen. Außerdem löst es Vitamine, die sonst nicht aufgenommen und verarbeitet werden könnten.

Wer sich einseitig ernährt, fördert Entzündungsprozesse im Körper und hindert ihn am Regenerieren. Ich nehme euch die ganze Rechnerei ab: **Meine Smoothies enthalten den idealen Makromix.** Wenn ihr sie immer mal wieder als gesunde Mahlzeit zu euch nehmt, seid ihr bestens versorgt.

GÜNSTIG MIXEN GEHT SO EINFACH

Gekaufte Smoothies sind oft teuer. Selbst zu mixen ist viel günstiger! Außerdem habt ihr dann die Kontrolle, was hineinkommt – denn viele Fertigprodukte enthalten unnötig hohe Zucker- oder Stärkeanteile. Für mich sind Smoothies auch eine prima Möglichkeit zur **Resteverwertung:** Bevor ein verschmähtes Stück Salatgurke ungenießbar wird, werfe ich es in meinen Mixer. Auch die Strünke von Brokkoli und Blumenkohl eignen sich super als Zutaten. „Woher kommt denn diese **Cremigkeit?“,** fragte mich mal ein Gast, der in den Genuss einer meiner fruchtigen Zitronen-Smoothies kam. „Vom Blumenkohl“, antwortete ich, und er war baff.

Kann ich Gemüse oder Obst nicht sofort verwenden, schneide ich es klein und werfe alles in einen Gefrierbeutel oder einen geeigneten Glasbehälter. Ab damit ins **Tiefkühlfach,** und schon hat man vitaminreiche Zutaten permanent griffbereit. Bei der Zubereitung meiner Smoothies landet kaum etwas im Müll. Selbst

»Smoothies liefern hoch konzentrierte Vital- und Nährstoffe!«

Kiwis, Äpfel, Orangen und Zitronen wandern **ungeschält in den Hochleistungsmixer.** Das sorgt für ein Plus an Pflanzenstoffen, spannenden Geschmacksnoten und eine dickflüssigere Konsistenz. Im Gegensatz zu Säften kann man meine Smoothies auch ein bisschen kauen. Ein wichtiger Punkt, denn **Kauen hilft beim Verdauen**. Durch gutes Kauen werden mehr Speichel und Verdauungsenzyme produziert. Daher sind eine Handvoll Mandeln, Nüsse oder Leinsamencracker auch eine sinnvolle „Beilage" zu jedem Smoothie.

SMOOTHIES TUN DER GANZEN FAMILIE GUT

Das Tolle an Smoothies ist, dass man darin einiges **„verschwinden" lassen** kann. Damit meine ich Zutaten, die wichtig und gesund sind, die aber einem selbst (oder anderen Familienmitgliedern) einzeln nicht schmecken. Mein Mann ist da ein gutes Beispiel: Er kann Koriander nicht ausstehen, aber in meinem Detox-Smoothie schmeckt er ihn gar nicht heraus.

Meine Kinder lieben Erdbeer-Smoothies. Viele Rezepte beinhalten aber Zucker. Das muss doch besser gehen, dachte ich mir – und püriere meine Erdbeer-Smoothies nun mit Mandelmus und etwas Zimt. Das schmeckt meinen Kindern ganz wunderbar.

Smoothies sind was für die ganze Familie. Kinder sollten sie natürlich nur zusätzlich trinken und nicht als Mahlzeitenersatz. Ich lasse sie auch mitmixen, und sie werden **immer experimentierfreudiger:** Neben gefrorener Mango werfen sie Zucchini, griechischen Joghurt und Leinsamen rein. Neue Kreationen zu erschaffen und diese zu probieren, macht ihnen Spaß. Da wird ein richtiges Spiel draus!

SELFCARE ZUM TRINKEN

Meine Smoothies sind jedes Mal DIE Hingucker, wenn ich Freundinnen zum Frühstück einlade. Ich finde, es zeugt von **Wertschätzung,** wenn man nicht nur Semmeln und Aufstrich serviert, sondern auch eine Portion Gesundheit und Kreativität.

Eine Freundin sagte schon mal im Spaß, es sei schlimmer als im „Dschungelcamp" bei mir, aber sie leert doch immer gerne ihr Glas, weil sie weiß, wie gut meine Smoothies für sie sind. Meine Freundin Jana Ina Zarrella habe ich mit meiner Smoothie-Lust angesteckt: Ich mixte ihr einen mit Rucola, Zitrone, Apfel und Leinöl. Der schmeckt schön frisch und putzt den Darm durch. Jana Inas neuer Liebling!

Das macht mich schon stolz, denn **Selbstliebe und Selbstfürsorge** sind so wichtig. Dazu braucht ihre nicht unbedingt teure Cremes. Achtet erst einmal darauf, was ihr eurem Körper zuführt! Für mich sind Smoothies Selfcare im Glas!

HOW TO SMOOTHIE – WAS IHR WISSEN MÜSST

Smoothies selber zu machen ist nicht schwer. Aber hier kommen ein paar Tipps, mit denen euch noch bessere Kreationen gelingen!

EUER EQUIPMENT

Die nötige Ausrüstung beschränkt sich auf **genau ein Gerät:** Ihr braucht einen leistungsstarken Mixer, der sich **auch für gefrorene Zutaten** eignet. Meine ersten Smoothies machte ich im Thermomix, und der kriegt wirklich alles klein. Ein **XL-Standmixer** wie dieser eignet sich prima, um große Portionen – zum Beispiel für die ganze Familie – zuzubereiten.

Oft mixe ich aber nur für mich, und da mag ich's kleiner. Weil meine Tochter Rosa so gerne Erdbeer-Smoothies mag, bekam sie von einer Freundin zum Geburtstag einen kleinen **Smoothie-Maker** geschenkt. Das Großartige daran: Man kann den Behälter nach dem Mixen abschrauben und samt Deckel als **Trinkbecher „to go"** mitnehmen. Wie praktisch ist das denn?!

Als Rosa mal in der Schule war, probierte ich das Gerät aus und war hellauf begeistert. Seitdem benutze ich es fast immer. Meine Tochter wusste davon bis jetzt noch nichts. Sorry, Rosa, dass du es auf diese Weise erfährst! Für den Alltag ist so ein Mini-Mixer, der in der Küche nicht viel Platz wegnimmt, meine klare Empfehlung. **Ein guter Einstieg,** bevor man sich ein teures Highend-Gerät zulegt.

Mein Hack für die Reinigung kleiner und großer Geräte: Einfach Wasser und ein bisschen Spülmittel in den Behälter geben, 30 Sekunden auf höchster Stufe mixen, nochmal mit Wasser durchspülen, und schon ist alles wieder sauber.

DER TRICK MIT DEM EIS

Wer möchte, dass die Smoothies so **richtig schön schaumig** werden, sollte größtenteils **gefrorene Zutaten** verwenden. Ob Obst oder Gemüse – alles, was im Küchenalltag übrigbleibt, in Gefrierbeutel mit Druck- oder Reißverschluss werfen (die gibt's inzwischen ja auch aus Silikon zum Wiederverwenden) und im Eisfach lagern. Besonders **überreifes Obst** wie Bananen oder Aprikosen, das so keiner mehr essen würde, gibt Smoothies eine tolle Note. Natürlich könnt ihr auch TK-Obst und Gemüse (z. B. Erbsen, Spinat, Brokkoli und Zucchini) kaufen und es für Smoothies verwenden. Auf jeden Fall schlägt man so zwei Fliegen mit einer Klappe: Man hat die Zutaten immer parat und erreicht dank des Eis-Faktors eine schöne **dickflüssige Konsistenz.** Verwendet ihr frische Zutaten, könnt ihr auch pro Portion 1–2 Eiswürfel dazugeben, das hat einen ähnlichen Effekt.

EURE FLÜSSIGE BASIS

Welche Flüssigkeit sich eignet, kommt ganz auf die Art des Smoothies an. **Wasser geht natürlich immer.** Für fruchtige Smoothies nutze ich gerne **Erbsen- oder Mandelmilch,** zu exotischem Obst wie Ananas und Mango passt aber auch super **Kokosmilch oder -wasser.** Ich verwende **fast ausschließlich pflanzliche**

Milch, weil sie für mich bekömmlicher ist. Wer die gerade nicht vorrätig hat, kann sich auch einen **Ersatz selbst machen:** Einfach über Nacht Haferflocken in Wasser einweichen und das Ganze morgens mit den restlichen Zutaten mixen – das schmeckt dann wie Hafermilch.

SÄMIGE KONSISTENZ ZAUBERN

Durch bestimmte Zutaten kann man dafür sorgen, dass Smoothies **besonders cremig** werden: dazu gehören **Bananen, Avocados, Chiasamen und Kerne** wie Mandeln oder Cashews. Weicht ihr letztere vorher über Nacht ein, kann der Mixer sie ganz fein pürieren. Ich mag meine Smoothies immer gerne in bisschen „stückig", aber manche wollen keine kleinen Teilchen mehr spüren. Für diejenigen ist das Einweichen wichtig. Statt ganzer Nüsse kann man einen **Klecks Mandel- oder Erdnussmus** reinmischen. Auch das schafft eine tolle Cremigkeit!

SO GELINGT DER GEWÜRZ-KICK

Folgende Extra-Zutaten habe ich immer in der Küche. Ich setze sie beim Smoothie-Mixen gerne ein, da sie nicht nur den Geschmack aufpeppen, sondern auch meiner Gesundheit Gutes tun:

- **Ingwer** (frisch oder gemahlen) beeinflusst die Darmflora positiv.
- **Zimt** (gemahlen) senkt den Blutzuckerspiegel.
- **Kreuzkümmel** (ganz oder gemahlen) hilft gegen Blähungen, Völlegefühl und Bauchkrämpfe.
- **Kurkuma** (frisch oder gemahlen) wirkt entzündungshemmend.
- **Chili** (als Flocken oder gemahlen) bringt den Kreislauf und die Durchblutung auf Trab. Vorsichtig ausprobieren, wie scharf ihr es mögt!
- **Kardamom** (gemahlen) regt die Verdauung an und löst Verkrampfungen.
- **Knoblauch** (frisch oder gemahlen) bekämpft Bakterien und Pilze. Dafür nehme ich die Knoblauchfahne gerne in Kauf!

DIE LAGERUNG

Ein frisch gemachter Smoothie hält sich im **Kühlschrank maximal einen Tag.** Wenn ihr ihn im Thermobecher später fürs Mittagessen mitnehmt, geht das natürlich auch. Vor dem Trinken dann nochmal kurz schütteln! Bei längerer Aufbewahrung würden die guten Zutaten ihre Wirkung verlieren. Damit das nicht passiert, habe ich noch einen Tipp für euch: Smoothie-Reste **in Eiswürfelbehälter oder Muffinförmchen füllen und einfrieren** und dem nächsten Smoothie untermixen. Oder in **Eisförmchen geben** und später genüsslich als Snack oder Dessert schlecken.

AUFGEPASST BEI FERTIG-SMOOTHIES!

Viele Hersteller von Smoothies achten mehr auf ihren Profit und einen unnatürlich süßen Geschmack als auf die Gesundheit. Und so werden auch die eigentlich gesunden Smoothies zu echten Zuckerbomben …

IMMER AUF DIE ZUTATENLISTE ACHTEN!

Smoothies liegen schon lange im Trend. So sehr, dass sie inzwischen in fast jedem Supermarkt und in der Drogerie zu finden sind. Ich greife nicht zu. Einerseits, weil ich Schwäbin bin und mir diese Produkte im Verhältnis zu selbstgemachten Smoothies zu teuer sind. Andererseits, weil mir ein Blick auf die Zutatenliste oft die Lust darauf verdirbt: Oft tauchen Apfel- oder Traubensaft als Hauptzutaten auf, weil diese Komponenten für die Hersteller günstig sind und schön süß schmecken.

Bei Convenience Food geht's eben immer nach Geschmack, nicht um die Gesundheit. Süß ist gefragt, süß verkauft sich gut. Und wer's mitnimmt, packt gleich ein gutes Gefühl mit ein – schließlich gönnt man sich ja einen vermeintlich grünen Smoothie. Dass das Spinatblatt, das auf dem Etikett zu sehen ist, nur flüchtig an den anderen Zutaten vorbeigelaufen ist, erkennen viele nicht. Man kann es den Käufern aber auch nicht übelnehmen, denn die Anpreisungen dieser Produkte sind häufig unglaublich irreführend.

Etwas Gutes tut man sich mit diesen Zuckerbomben nicht. Sie jagen den Blutzucker in ungesunde Höhen. Zucker ist Zucker – egal, ob in Kristallform oder Früchten, Honig oder Agavendicksaft. Das darf man nicht vergessen.

Wer Smoothies mit süßen Früchten wie Äpfeln, Trauben oder Banane macht, braucht zusätzlich blutzuckersenkende Zutaten. Dazu zählen unter anderem (Ceylon-)Zimt, Apfelessig sowie gesunde Fette (z. B. Mandelmus) und Eiweiße. Ein ausgewogener Mix hält den Blutzucker in Schach. Große Hersteller halten sich kaum an diese Balance. Vielleicht machen es manche auch ganz gezielt, weil ein hoher Zuckergehalt schnell den nächsten Heißhunger auslöst? Ich habe den Blutzucker bei meinen Rezepten auf jeden Fall im Auge. Mein Ziel ist zu zeigen, dass Smoothies süß (genug) und vollwertig zugleich sein können. Denn: gesund schmeckt!

Mein Tipp:

SAFTKUREN – JA ODER NEIN?

Ausprobiert habe ich sie – und ich finde sie okay, sofern die Säfte auf Gemüsebasis hergestellt werden. Allerdings sind die Preise von entsprechenden Fertigprodukten ganz schön happig. Für so viel Geld kann man sehr viel Obst und Gemüse kaufen und es komplett verwerten. Außerdem werden diese Säfte gepresst, wodurch wichtige Bestandteile verloren gehen – auch Ballaststoffe. Dabei sind diese so wichtig für einen aktiven Darm! Ich kratze sogar noch die Bananenschalen aus, weil sich darin besonders viele Ballaststoffe verbergen. Es ist doch schade, wenn unser Körper darauf verzichten muss.

DRINK THE RAINBOW!

Um fit zu bleiben, solltet ihr täglich idealerweise einen „Regenbogen“ zu euch nehmen – also frische Lebensmittel in unterschiedlichen Farben. So ernährt ihr euch ausgewogen, mit möglichst vielen Vitaminen, Mineral- und sekundären Pflanzenstoffen. Was wo drin steckt, verrate ich euch auf dieser und den nächsten Seiten …

GELB

Honigmelone
Wie ihre große Schwester enthält sie viel Wasser und ist dadurch äußerst erfrischend. Im Vergleich zur Wassermelone hat sie zwar etwas mehr Kalorien, wartet dafür aber auch mit einem höheren Gehalt an Vitaminen und Mineralstoffen auf. Besonders beim Vitamin A, das für unsere Augen und unsere Zellen wichtig ist, kann die kleine gelbe Kugel ordentlich punkten!

Mango
Sie punktet mit einem hohen Gehalt an Antioxidantien: In der Mango stecken Beta-Carotin (eine Vorstufe von Vitamin A), Zeaxanthin und Polyphenole. Ihre Antioxidantien verlangsamen den Alterungsprozess, indem sie freie Radikale bekämpfen, die im Körper die Zellen angreifen. Und das verdauungsfördernde Enzym Amylase verbessert die Aufnahme von Nährstoffen.

Ingwer
Seine Scharfstoffe, die Gingerole, reduzieren Entzündungen im Körper und können daher auch bei Erkrankungen wie Arthritis von Vorteil sein. Ingwer regt die Produktion von Verdauungssäften an, beruhigt den Magen-Darm-Trakt und fördert die Beweglichkeit des Darms. Besonders schön an kalten Tagen: Ingwer verbessert die Durchblutung und wärmt daher von innen!

Zitrone
Obwohl sie sauer schmeckt, wirkt die Zitrone basisch. Dadurch entsäuert und entgiftet sie. Das enthaltene Vitamin C stärkt unser Immunsystem, reduziert Entzündungen und fördert die Produktion von Kollagen, was für die Gesundheit von Haut, Haaren und Fingernägeln wichtig ist.

Birne
Die Ballaststoff-Queen! Sie ist sowohl reich an löslichen Ballaststoffen, die den Aufbau einer gesunden Darmflora unterstützen, als auch an unlöslichen Ballaststoffen, die als Quellmittel dienen, die Darmtätigkeit anregen und Verstopfung vorbeugen.

Gelbe Paprikaschote
Sie hat kaum Kalorien und ist daher eine gute Option, um den Nährwert eines Smoothies zu erhöhen, ohne zusätzliche Kalorien hinzuzufügen. Gelbe Paprikaschoten bieten Vitamin A, Vitamin B6, Folsäure, Kalium und Mangan. Diese Mischung pusht Funktionen wie das Sehvermögen, die Zellbildung und die Nervenfunktion.

Banane
Dank der drei Zuckerarten Fruktose, Saccharose und Glukose ist sie ein schneller Energiespender – daher top vor und nach körperlichen Aktivitäten. Bananen enthalten Tryptophan, eine Aminosäure, die zur Produktion des Glückshormons Serotonin beiträgt. Also auch gut bei Stress und schlechter Laune!

Chicorée
Er zählt durch den Ballaststoff Inulin zu den Präbiotika. Inulin „füttert“ dementsprechend die nützlichen Darmbakterien und sorgt für eine gesunde Darmflora. Der Bitterstoff Lactucopikrin wirkt beruhigend und in Maßen schmerzstillend.

Ananas
Ihre Superpower ist ein Enzym-Mix namens Bromelain, der entzündungshemmend, verdauungsfördernd und muskelentspannend wirkt. Bromelain hat außerdem eine positive Wirkung auf die Wundheilung und die Hautgesundheit. Es fördert den Abbau gealterter Zellen und bringt so den Teint zum Strahlen.

ORANGE

Orange
Sie besteht zu 87 Prozent aus Wasser – und ist damit einer der Spitzenreiter unter den fruchtigen Wasserlieferanten. Ungespritzte Orangen im Smoothie am besten ganz verwenden, denn unter und in der Schale stecken die meisten Ballast- sowie Nährstoffe (u. a. Vitamin C und Antioxidantien wie Flavonoide).

Kürbis
Das Herbstgemüse ist in der Erkältungs- und Grippezeit die perfekte Zutat. Die Kombination von Vitamin C und Beta-Carotin unterstützt das Immunsystem beim Kampf gegen Infekte. Kürbis macht Smoothies schön cremig, beim Mixen kann auch (übriggebliebenes) Kürbispüree verwendet werden.

Süßkartoffel
Die US-Organisation Center for Science in the Public Interest kürte erst kürzlich die Süßkartoffel zum „gesündesten Gemüse der Welt“. Warum? Weil die Knolle sämtliche Vitamine (außer Vitamin D und B12) enthält! Außerdem lässt sie – trotz ihres süßlichen Geschmacks – den Blutzucker nicht so schnell in die Höhe schießen wie normale Kartoffeln.

Nektarine
Eine echte Herzensangelegenheit! Denn Vitamin K sorgt für ein gesundes Herz-Kreislauf-System, Kalium stabilisiert die Herzzellen. Außerdem entwässert Kalium und hilft so dabei, überschüssige Wassereinlagerungen loszuwerden, die unsere Körpersysteme belasten.

Möhre
Sie ist bekannt für ihre positive Wirkung auf die Augengesundheit, denn ihr hoher Gehalt an Vitamin A unterstützt unsere Sehkraft und ist wichtig für den Schutz der Augen vor schädlichen UV-Strahlen.

Physalis
Die auch Kapstachelbeere genannte Frucht liefert Vitamin A, das wichtig für die Augengesundheit ist und unsere Haut elastisch hält. Überraschender Bonus: Im Vergleich zu anderen Obstsorten enthält die Physalis viel Eiweiß – gut für den Erhalt und Aufbau von Muskeln!

Sanddorn
Eine Vitaminbombe, die uns bis zu neunmal so viel Vitamin C wie eine Zitrone und dreimal so viel Vitamin A wie Möhren schenkt! Der Mix aus Omega-Fettsäuren (3, 6, 7 und 9) ist außerdem wichtig für Gehirn, Herz und Kreislauf sowie für unsere Haut.

Aprikose
Sie verleiht Smoothies eine cremige Textur und kann sowohl in frischer als auch in getrockneter Form verwendet werden. Vitamin B1, Vitamin B2, Vitamin C, Kalzium und Phosphor kurbeln den Energiestoffwechsel und das Immunsystem an.

Pfirsich
Die Frucht mit der samtigen Schale ist reich an den Vitaminen A, B und C und enthält viele Mineralstoffe wie Kalium und Kalzium sowie die Spurenelemente Selen und Zink. Sie kurbelt die Verdauung an und steigert die Nierentätigkeit.

ROT

Erdbeere
Eine Portion (ca. 200 Gramm) dieser kleinen roten Früchte deckt unseren täglichen Vitamin-C-Bedarf. Das stärkt nicht nur das Immunsystem, sondern fördert auch die Kollagenproduktion und verbessert die Aufnahme von Eisen aus pflanzlichen Quellen. Auch wichtig – besonders für Frauen, die sich ein Kind wünschen oder schon schwanger sind: der hohe Gehalt an Folsäure.

Rote Paprikaschote
Und noch eine gute Lycopin-Lieferantin! Man erkennt's schon an der Farbe: Das Antioxidans verbirgt sich in jeder Gemüse- und Obstsorte, die ein kräftiges Rot aufweist. Der zweite Super-Wirkstoff: Capsaicin. Der Scharfstoff wird schon seit Langem von südamerikanischen Ureinwohnern als Heilmittel gegen Arthrose genutzt.

Pink Grapefruit
Sie macht Magen und Darm happy: Ihre Bitterstoffe regen die Produktion von Verdauungssäften an und nehmen es mit schädlichen Bakterien, Pilzen und Viren auf. Genau wie Tomaten enthalten Pink Grapefruits ebenfalls eine geballte Ladung Lycopin. Aber Vorsicht: Grapefruits machen bestimmte Medikamente unwirksam oder verstärken deren Wirkung (z. B. Blutdruck- und Schmerzmittel). Im Zweifelsfall medizinisch abklären!

Himbeere
Die perfekte Wahl, wenn man's süß und fruchtig mag, aber den Zuckergehalt seines Smoothies gering halten will. Himbeeren haben einen äußerst niedrigen glykämischen Index, beeinflussen den Blutzuckerspiegel dadurch nur minimal.

Radieschen
Vitamin C, Folsäure, Kalium – das sind die wichtigsten Inhaltsstoffe der kleinen Kugeln. Ein guter Mix für die Gesundheit! Radieschen verleihen Smoothies einen pikanten Geschmack und eine knackige Textur. Eine interessante Abwechslung zu gängigeren Zutaten ...

Wassermelone
Satte 96 Prozent Wasser stecken unter der grünen Schale – nur die Salatgurke mit 97 Prozent kann das noch toppen. Die Wassermelone hat also so gut wie keine Kalorien, liefert aber ein großes Plus an Elektrolyten, vor allem Kalium und Magnesium. Die helfen bei der Regulierung des Blutdrucks, der Muskelkontraktion und der Funktion von Nerven und Zellen.

Granatapfel
Das herbe Aroma dieser Frucht kommt von den Schutzstoffen, die sich in ihrem Inneren verbergen: Polyphenole, die Herz- und Hirngesundheit verteidigen. Studien zufolge weisen Granatäpfel auch eine starke Wirksamkeit gegen verschiedene Krebsarten und Arthritis auf.

Kirsche
Auch diese kleinen roten Früchte sind wahre Vitaminbomben! Sie enthalten außerdem die Mineralstoffe Kalium, Phosphor, Magnesium, Eisen und Zink. Und das Beste: Kirschen sind wunderbar süß und trotzdem kalorienarm!

Tomate
Lycopin heißt der Stoff, der Tomaten zum absoluten Gesund-Gemüse macht! Das Antioxidans gilt als starker Partner im Kampf gegen Krebs und andere chronische Krankheiten. Lycopin pusht zelluläre Abwehrmechanismen und hemmt die Bildung von freien Radikalen, die unsere Zell-DNA angreifen und verändern.

LILA

Blaubeere
Damit könnt ihr euer Gedächtnis auf Trab bringen! Die Antioxidantien – darunter Anthocyane, die den Blaubeeren ihre dunkle Farbe schenken – halten das Gehirn jung und beugen altersbedingtem Abbau vor. Wissenschaftler fanden heraus, dass Blaubeeren sogar das Risiko einer Demenzerkrankung verringern können.

Rotkohl
Dieser farbenfrohe Kohlkopf wartet mit mehr Vitamin C auf als Zitronen! Ungefähr 200 Gramm Rotkohl decken den Tagesbedarf. Auch Eisen bieten die roten Blätter – also eine gute Wahl bei einem Mangel, unter dem besonders oft Frauen leiden. Der Gehalt an Magnesium, Kalzium und Vitamin K kann außerdem Regelschmerzen mindern.

Dunkle Weintraube
Die roten und blauen Früchte enthalten mehr Antioxidantien als die grüne bzw. weiße Variante – insbesondere Resveratrol, das die Haut elastisch hält. Oligomere Procyanidine (OPC) steigern die Durchblutung, was Herz und Kreislauf guttut. Am besten immer zu Sorten mit Kernen greifen, denn in den kleinen Kügelchen stecken sogar noch mehr Antioxidantien als in der Haut der Trauben.

Pflaume

Dank einer großen Menge an Ballaststoffen fördern Pflaumen die Verdauung und können so Verstopfung vorbeugen. Getrocknete Pflaumen bieten gegenüber frischen einen weiteren Vorteil: Ihre Extraportion Vitamin K kräftigt die Knochen, was zum Beispiel besonders bei Osteoporose von Vorteil ist.

Radicchio

Das Besondere an ihm ist der Bitterstoff Intybin, der die Verdauung anregt und die Produktion von Verdauungsenzymen fördert. Leber und Galle werden davon ebenfalls stimuliert, was sich wiederum positiv auf die Fettverdauung auswirkt.

Rote Bete

Das enthaltene Nitrat erweitert die Blutgefäße und kurbelt dadurch die Durchblutung an. Das kann zur Senkung des Blutdrucks beitragen und das Risiko von Herzkrankheiten verringern. Rote Bete verbessert zudem die Sauerstoffversorgung der Muskeln und kann dadurch deren Leistungsfähigkeit stärken. Ideal vorm Sport!

Feige

Ihr Gehalt an Glukose und Fruktose sorgt für einen Energieschub bei Müdigkeit und Antriebsschwäche und fördert außerdem die Konzentration. Gut zu wissen: Frische Feigen beeinflussen den Blutzuckerspiegel um ein Vielfaches weniger als getrocknete.

Brombeere

Auch in Brombeeren stecken die blau-violetten Pflanzenfarbstoffe Anthocyane. Die machen nicht nur das Gehirn fit. Sie wehren zudem Bakterien, Viren und Pilze ab und sollen Studien zufolge eine krebshemmende Wirkung haben.

Zwetschge

Diese leicht ovale Frucht ist eine Unterart der eher rundlichen Pflaume und hat einen hohen Gehalt an B-Vitaminen, wodurch sie gut für das Nervensystem und den Stoffwechsel ist. Sie ist außerdem reich an Flavonoiden, die als Antioxidantien wirken.

GRÜN

Kiwi
Noch eine Vitamin-C-Bombe! Zwei Früchte decken in etwa den Tagesbedarf bei Erwachsenen und helfen so beim Schutz sowie der Stärkung des Immunsystems. Aber Vorsicht: Kiwis enthalten das Enzym Actinidain, das bei manchen Menschen eine Allergie auslöst. Eine Alternative sind in diesem Fall goldene Kiwis – denn deren Actinidain-Gehalt ist sehr gering.

Kohl
Egal, ob Grünkohl, Brokkoli oder Wirsing – mit Kohlarten im Smoothie tut ihr euch immer etwas Gutes! Grünkohl trumpft unter anderem mit Vitamin C und Omega-3-Fettsäuren auf, Brokkoli mit Vitamin K und Folsäure. Die Spezialkraft von Kohl generell ist das Senföl Sulforaphan. Mehrere Studien wiesen ihm eine krebshemmende Wirkung nach.

Gurke
Der extrem hohe Wassergehalt (97 Prozent) macht sie, in Scheiben geschnitten, so wirksam als Gesichtsmaske. Aber Gurken wirken auch von innen: Ihre Antioxidantien (Tannine und Flavonoide) schützen Körperzellen vor Schäden. Die meisten Vitamine (u.a. B-Vitamine für die Nerven) stecken in der Schale – also immer ungeschält in den Mixer geben!

Grüne Paprikaschote
Sie hat diese Farbe, weil sie unreif geerntet wurde. Daher ist der Geschmack nicht so vollmundig und fruchtig wie bei gelben oder roten Schoten. Aber auch die grünen Schoten bieten eine gute Mischung aus Vitaminen sowie Mineralstoffen (u.a. Vitamin A, K und B6 sowie Kalium). Ihr herber Geschmack verleiht Smoothies einen interessanten Kick.

Blattsalat
Rucola, Kopfsalat und Co. fügen Smoothies Volumen und Textur hinzu, aber kaum Kalorien. Blattsalate strotzen vor Chlorophyll – der Farbstoff, der sie so saftiggrün macht. Chlorophyll ist eine Detox-Zutat und entfernt Giftstoffe aus dem Körper. Es verbessert außerdem die Sauerstoffversorgung der Zellen.

Staudensellerie
Das Magnesium in den Stangen und die ätherischen Öle, die vor allem in den Blättern eingelagert sind, beruhigen die Nerven. Sein Kalium wirkt außerdem entwässernd.

Spinat
Dass uns die grünen Blätter mit einer Riesenportion Eisen versorgen, hat sich als Mythos entpuppt. Dafür liefert Spinat eine ordentliche Portion an Vitamin C, Folsäure und Vitamin K, das für die Blutgerinnung und den Erhalt der Knochen wichtig ist.

Erbsen
Alle, die ihre Proteinzufuhr ohne Fleisch und Fisch erhöhen wollen, sollten hier zugreifen, denn Erbsen liefern jede Menge pflanzliches Protein. Diesen Makronährstoff benötigt der Körper unter anderem für fitte Muskeln und gesundes Gewebe.

Avocado
Im Smoothie sorgt ihr grün-gelbliche Fruchtfleisch für eine cremige Konsistenz. Zudem liefert sie jede Menge gute (= ungesättigte) Fettsäuren, die ordentlich satt machen. Die Ballaststoffe der Avocado unterstützen unsere Verdauung.

MEINE SMOOTHIE-REZEPTE

1 SMOOTHIES ALS FRÜHSTÜCK

Für einen guten Start in den Tag braucht ihr kein üppiges Frühstück. Habt ihr's eilig, ist ein Smoothie ein super Ersatz – wenn ihr auf die richtigen Inhaltsstoffe achtet!

MEIN TAG BEGINNT MIT LIEBE AUS DEM MIXER

Wie schon im Vorwort erwähnt, finde ich ein Frühstück essenziell für den Start in meinen Tag. Esspausen lege ich auch mal ein, doch ich könnte niemals, wie es manche beim Intervallfasten machen, aufs Frühstück verzichten. Ich habe für mich herausgefunden, dass ich mir gleich morgens Energie in Form von Nahrung zuführen muss. Denn dann **starte ich motivierter und positiver in den Tag.** Auch, weil ich weiß, wieviel Liebe ich in meine erste Mahlzeit des Tages gesteckt habe. Egal, ob in fester oder flüssiger Form.

Bei der Zusammenstellung meiner Frühstücks-Smoothies dominiert nicht die Frage: Wieviel Kalorien hat das jetzt? Ich frage mich vielmehr: Was gibt mir dieses Rezept alles Gutes? Diesen **positiven Blick auf Ernährung** und auf alles, was sie uns bietet, haben manche von uns verlernt. Viele schreiben sich persönliche Verbotslisten, statt die positive Wirkung bestimmter Lebensmittel und Zutaten zu verinnerlichen. Geht euch das auch so? Dann versucht mal, diese negativen Gedanken in positive umzuwandeln.

MACHT EIN SMOOTHIE SO ZUFRIEDEN WIE EIN FRÜHSTÜCK?

Eines ist klar: Ein Smoothie kann für mich kein Frühstück mit der Familie am Wochenende ersetzen. Ich liebe es, mit meinem Mann und unseren beiden Kindern gemütlich am Tisch zu sitzen. Gemeinsam zu reden, zu lachen und zu essen. Auch da geht bei mir **die Liebe durch den Magen.** Ich mag es ebenso, mich unter der Woche, wenn morgens alle aus dem Haus sind, allein in Ruhe hinzusetzen und meinen Porridge zu genießen.

Aber manchmal reicht die Zeit für diese liebgewonnenen Routinen nicht. An solchen Tagen bin ich froh, dass ich meine Smoothies habe und mir **trotz Stress etwas Gutes** tun kann. Dementsprechend macht mich dann auch ein Smoothie sehr zufrieden.

Am wichtigsten ist aber, dass er mich auch **satt macht.** Ich will meinen Tag gut genährt beginnen, damit ich mich im weiteren Verlauf mit anderen Dingen wie wertvollen Kontakten oder Gesprächen seelisch „nähren" kann. Aber das geht natürlich nur, wenn ich nicht kurz nach meinem Smoothie schon wieder Heißhunger verspüre. Ansonsten habe ich nur „Essen, Essen, Essen" im Kopf.

IDEALE ZUTATEN FÜR DEN FRÜHSTÜCKS-SMOOTHIE

Damit ich nicht so schnell wieder hungrig werde, sind **Haferflocken** eine wichtige Zutat. Sie enthalten große Mengen an Beta-Glucan, ein Ballaststoff, der lange satt macht und den

Darm gesund hält. **Griechischer Joghurt** hat viel sättigendes Eiweiß und Kalzium – eine gute Kombi für einen aktiven Tag. **Mandeln** liefern gesunde Fette, Eiweiß, Vitamine und Mineralstoffe. Mit diesen Zutaten nehmt ihr alle drei Makronährstoffe (Kohlenhydrate Eiweiß, Fett) zu euch. Check, check, check! Der griechische Joghurt und die Mandeln machen Smoothies außerdem von der Konsistenz her dicker, dadurch habt ihr etwas zum Kauen. Gerade morgens ist das ein gutes Gefühl.

Ihr braucht nach dem Aufstehen ein bisschen Unterstützung, um in Schwung zu kommen? Dann wählt eines meiner Rezepte mit **Matcha** oder **grünem Tee.** Beide Sorten stammen von der gleichen Pflanze. Doch während man beim Grüntee die Blätter überbrüht, werden diese für Matcha pulverisiert und mitgetrunken. Dadurch hat er einen höheren Gehalt an Antioxidantien, die den Körper vor freien Radikalen schützen. Das Koffein in beiden Sorten gelangt langsamer ins Blut als bei Kaffee, wirkt aber dafür wesentlich länger. Gut für alle, die mit dem berüchtigten Kaffeetief zu kämpfen haben.

Mein Tipp:

DAS AUGE TRINKT MIT!

Auch, wenn mir manchmal nicht viel Zeit fürs Frühstück bleibt, versuche ich trotzdem, es schön zu gestalten. Ich habe mir einen hübschen Trinkbecher mit Blumenmotiv zugelegt, in den ich meinen Smoothie umfüllen kann, wenn ich ihn mitnehmen möchte. Trinke ich meinen Frühstücks-Smoothie – manchmal in der Bahn, manchmal auf dem Weg zum Flughafen –, höre ich dabei über Kopfhörer Musik und nehme ihn nur schlückchenweise zu mir, statt ihn einfach schnell herunterzukippen. Das dauert auch nicht mehr als fünf oder zehn Minuten, aber die gehören nur mir!

GREEN MORNING

Für 1 Portion

Nährwerte: Pro Portion 390 kcal, 14 g E, 21 g F, 26 g KH

Zutaten:

¼ Bio-Zitrone
100 g helle Weintrauben (oder Honigmelone)
1 Handvoll frische Minzblätter
60 g TK-Brokkoli
100 g griechischer Joghurt
1 EL Flohsamenschalen
1 TL Matchapulver
200 ml ungesüßter Pflanzendrink (z. B. Erbse oder Mandel)

Zum Garnieren
Minze (nach Belieben)

Zubereitung: ca. 10 Min.

1 Zitrone heiß waschen, Schale fein abreiben. Weiße Schalenreste mit einem Messer entfernen. Zitronenfruchtfleisch in grobe Stücke schneiden. Trauben waschen und von den Rispen zupfen. Minze waschen, trocken schütteln.

2 Alle vorbereiteten Zutaten mit tiefgefrorenem Brokkoli, Joghurt, Flohsamenschalen, Matchapulver, Mandeldrink und ca. 150 ml kaltem Wasser in einem leistungsstarken Mixer fein pürieren. In ein Glas gießen und nach Belieben mit Minze garniert servieren.

Extra-Kick für eure Gesundheit:
Dank der Ballaststoffe aus den Flohsamenschalen und der probiotischen Bakterien des Joghurts ist dieser Smoothie bestes Futter für unser Mikrobiom im Darm. Das ist sehr bedeutend für unser Wohlbefinden und hat unter anderem einen großen Einfluss auf unsere Abwehrkräfte, unsere mentale Gesundheit und unser Gewicht. Die gemahlenen Flohsamenschalen gibt es in Drogerien, Bioläden und gut sortierten Supermärkten.

ROSA HAFER-SMOOTHIE

Für 1 Portion

Nährwerte: Pro Portion 335 kcal, 8 g E, 21 g F, 29 g KH

Zutaten:

½ reife Avocado
1 TL Zitronensaft
100 g TK-Himbeeren
25 g Haferflocken
1 TL ungesüßtes helles Mandelmus
200 ml ungesüßtes Kokoswasser (alternativ Wasser)
¼ TL Zimtpulver

Zum Garnieren

2–3 frische Himbeeren
Minzeblätter
Holzspieß

Zubereitung: ca. 10 Min.

1 Avocadofruchtfleisch aus der Schale und vom Kern lösen, in groben Stücken in einen leistungsstarken Mixer füllen und mit Zitronensaft beträufeln.

2 Tiefgefrorene Himbeeren und alle weiteren Zutaten dazugeben, fein pürieren. Smoothie in ein Glas füllen. Nach Belieben Himbeeren und Minzeblätter im Wechsel auf einen Holzspieß stecken und den Smoothie damit sofort servieren.

Extra-Kick für eure Gesundheit:

Mandelmus besteht zu 100 Prozent aus Mandeln und enthält die geballte Power der knackigen Kerne, vor allem gesunde ungesättigte Fette, die unter anderem wichtig für unsere Hirnleistung sind. Dazu kommen viele Mineralstoffe und B-Vitamine, die wichtig sind für starke Nerven und einen optimalen Stoffwechsel. Die ideale Zutat also für einen Smoothie, der uns fit und leistungsfähig für einen aktiven Tag macht.

WACHMACHER

Für 1 Portion

Nährwerte: Pro Portion ca. 230 kcal, 7 g E, 7 g F, 32 g KH

Zutaten:

1 Mango (ca. 200 g Fruchtfleisch; ersatzweise TK-Mango)
50 g Baby-Blattspinat
1 walnussgroßes Stück Ingwer
½ Bio-Zitrone
10 g geschälte Hanfsamen
1 TL Matchapulver (gemahlener japanischer Grüntee)

Zubereitung: ca. 10 Min.

1 Mango schälen, Fruchtfleisch vom Stein schneiden und in einen leistungsstarken Mixer füllen. Oder TK-Mango tiefgefroren hinzufügen.

2 Spinat waschen und gründlich trocken schütteln. Ingwer schälen und in grobe Stücke schneiden. Zitrone heiß waschen, ca. ½ TL Schale fein abreiben. Zitrone schälen, in grobe Stücke schneiden.

3 Spinat, Ingwer, Zitronenschale und -fruchtfleisch, Hanfsamen, Matchapulver sowie 100 ml Wasser mit der Mango fein pürieren. Je nach gewünschter Konsistenz noch etwas mehr Wasser untermixen. Smoothie in ein Glas füllen und sofort servieren.

Extra-Kick für eure Gesundheit:
Dieser Smoothie macht fit für einen aktiven Tag, fördert eure Gehirnleistung sowie die Konzentrationsfähigkeit – perfekt vor einem fordernden Arbeitstag. Das liegt vor allem am Matchatee, eine Variante von grünem Tee. Für ihn werden nur die zarten, jungen Blattspitzen getrocknet und zu leuchtend grünem Pulver zermahlen. Der Tee liefert in etwa so viel Koffein wie ein Espresso, hat aber eine sanftere und länger anhaltende Wirkung. Bonus: Matcha ist vollgepackt mit Antioxidantien, die unsere Körperzellen schützen.

SCHOKO-NUSS-SMOOTHIE

Für 1 Portion

Nährwerte: Pro Portion 395 kcal, 34 g E, 13 g F, 34 g KH

Zutaten:

1 reife Banane
75 g TK-Blumenkohl
1 TL ungesüßtes Kakaopulver
1 TL ungesüßtes Nussmus
1 TL Leinsamen
1 TL Zimtpulver
200 ml ungesüßter Pflanzendrink (z. B. Erbse oder Mandel)
30 g ungesüßtes Proteinpulver (besonders lecker: Vanillegeschmack)

Zum Garnieren

geraspelte Zartbitterschokolade und geröstete, gehackte Haselnusskerne (nach Belieben)

Zubereitung: ca. 10 Min.

1 Banane schälen und in grobe Stücke schneiden, dabei auch das Innere der Schale auskratzen.

2 Banane mit allen weiteren Zutaten in einem leistungsstarken Mixer cremig pürieren. In ein Glas füllen, nach Belieben mit Schokoladenraspel und Nussstücken bestreuen, dann servieren.

Extra-Kick für eure Gesundheit:

Keine Angst vor Blumenkohl im Smoothie! Mit seinem relativ neutralen Geschmack passt er sich gut an, macht – tiefgefroren untergemixt – den Drink schön cremig und schützt uns so ganz nebenbei vor vielen Krankheiten. Denn das Gemüse liefert Sulforophan. Dieser bioaktive Pflanzenstoff ist ein wirksames Antioxidans und kann uns vor Krankheiten wie Krebs, Diabetes und Herz-Kreislauferkrankungen schützen.

ROTE-GRÜTZE-SMOOTHIE

Für 1 Portion

Nährwerte: Pro Portion 330 kcal, 8 g E, 22 g F, 21 g KH

Zutaten:

100 g gemischte rote Beeren (z. B. Erd-, rote Johannis- oder Himbeeren; frisch oder TK)
100 g Zucchini
200 ml roter Früchtetee, ungesüßt und kalt
1 TL Rapsöl
100 g griechischer Joghurt
1–2 Msp. natürlicher Vanilleextrakt

Zum Garnieren
rote Johannisbeeren (nach Belieben)

Zubereitung: ca. 15 Min.

1 Alle Beeren waschen. Erdbeeren putzen und halbieren. Johannisbeeren von den Rispen zupfen. Himbeeren verlesen. Zucchini putzen, waschen und grob würfeln. Alle Zutaten in einen leistungsstarken Mixer füllen.

2 Tee, Öl, Joghurt und Vanille hinzufügen, dann alles fein pürieren. In ein Glas füllen, nach Belieben mit Johannisbeeren garnieren und sofort servieren.

Extra-Kick für eure Gesundheit:
Toll für straffe Haut: Diese Beeren festigen mit viel Vitamin C das Bindegewebe von innen und können so Cellulite vorbeugen. Unterstützt wird der Effekt durch das Eiweiß aus dem Joghurt und das Vitamin E aus dem Öl. Die Farbstoffe der Beeren sind zudem starke Antioxidantien, die schädliche freie Radikale abwehren, die z. B. durch UV-Strahlung entstehen können. So können sie vor vorzeitiger Hautalterung schützen.

TROPICAL SMOOTHIE-BOWL

Für 1 Portion

Nährwerte: Pro Portion 485 kcal, 13 g E, 30 g F, 40 g KH

Zutaten:

100 g Ananasfruchtfleisch (frisch oder TK)
2 Stangen Staudensellerie
1 kleine Banane
25 g Mandelblättchen, geröstet
1 EL geschälte Hanfsamen
50 ml Kokosmilch
1–2 TL Zitronensaft

Zum Garnieren
Minzeblätter

Extra-Kick für eure Gesundheit:
Dieser Mix hat eine ausgleichende Wirkung auf den Säure-Basen-Haushalt und wirkt einer Übersäuerung entgegen. Das liegt daran, dass Ananas, Sellerie und Banane viel Kalium und andere basisch wirkende Mineralstoffe liefern.

Zubereitung: ca. 15 Min.

1 Frische Ananas schälen und klein schneiden. TK-Ananas tiefgefroren verwenden. Sellerie waschen, putzen und nach Bedarf entfädeln, in grobe Stücke schneiden. Banane schälen, dabei das Innere der Schale auskratzen. Ca. ¼ Banane beiseite legen, die restliche Banane in grobe Stücke schneiden.

2 Mandeln, bis auf ca. 1 TL zum Garnieren, in einem leistungsstarken Mixer zu Mehl mahlen. Mit Ananas, Sellerie, Banane, Hanfsamen, Kokosmilch, Zitronensaft und ca. 30 ml kaltem Wasser cremig pürieren. In eine Schale geben.

3 Restliche Banane in Scheiben schneiden. Zusammen mit den verbliebenen Mandelblättchen dekorativ auf der Bowl verteilen. Mit Minzeblättern garniert servieren.

Mein Tipp:
Habt ihr lieber einen Smoothie zum Trinken? Dann einfach so viel Wasser zugießen und untermixen, dass der Smoothie trinkfähig wird.

POWER-FRÜHSTÜCKS-SMOOTHIE

Für 1 Portion

Nährwerte: Pro Portion 210 kcal, 15 g E, 12 g F, 9 g KH

Zutaten:

50 g Heidelbeeren (frisch oder TK)
150 g Seidentofu (Bio- oder Asialaden)
100 ml ungesüßter Pflanzendrink (z. B. Erbse oder Mandel)
1 TL helles Mandelmus
1 TL Weizenkeime
etwas Ahornsirup oder flüssiger Honig (nach Belieben)

Zubereitung: ca. 5 Min.

1 Beeren waschen, trocken tupfen und verlesen. TK-Beeren gefroren verwenden.

2 Beeren, Seidentofu, Pflanzendrink, Mandelmus und Weizenkeime in einem leistungsstarken Mixer cremig pürieren. Nach Belieben mit etwas Ahornsirup oder Honig abschmecken. In einem Glas mit Trinkhalm oder Löffel servieren.

Extra-Kick für eure Gesundheit:

Starke Nerven gefragt? Für solche Tage ist dieser Smoothie genau richtig. Denn er liefert viele nervenstärkende B-Vitamine aus dem Tofu, den Weizenkeimen und dem Nussmus.

Mein Tipp:
Seidentofu ist eine weiche, quarkähnliche Alternative des Sojaproduktes. Er eignet sich mit seinem neutralen Geschmack und viel Eiweiß super für vegane Smoothies und Süßspeisen. Ihr findet ihn im Bioladen, im Asialaden oder in gut sortierten Supermärkten im Kühlregal.

KICKSTARTER

Für 1 Portion

Nährwerte: Pro Portion 440 kcal, 16 g E, 17 g F, 53 g KH

Zutaten:

½ reife Banane
1 Medjool-Dattel
75 g TK-Blumenkohl
1 Tasse (30 ml) kalter starker Espresso
175 ml Milch oder ungesüßter Pflanzendrink (z. B. Erbse oder Mandel)
25 g Haferflocken
1 EL ungesüßtes Mandelmus
1 TL Roh- oder Backkakao
¼ TL Zimtpulver
1 Msp. geriebene Muskatnuss

Zubereitung: ca. 10 Min.

1 Banane schälen und in grobe Stücke schneiden, dabei das Innere der Schale auskratzen. Dattel entsteinen und in grobe Stücke schneiden. Beides mit tiefgefrorenem Blumenkohl in einen leistungsstarken Mixer füllen.

2 Alle weiteren Zutaten hinzufügen und gemeinsam cremig pürieren. In ein Glas füllen und servieren.

Extra-Kick für eure Gesundheit:
Entgegen früheren Überzeugungen hat Kaffee in den letzten Jahren in vielen Studien gezeigt, wie gesund er ist. Er macht nämlich nicht nur wach und verbessert die Aufmerksamkeit, er kann auch vor Diabetes schützen, scheint sowohl das Risiko für verschiedene Krebsarten als auch jenes für eine Demenzerkrankung zu senken und regt die Fettverbrennung an. Das liegt vor allem an den in den Kaffeebohnen enthaltenen Antioxidantien, die durch das Abwehren von freien Radikalen unsere Körperzellen schützen. Ideale Dosis: bis zu 4 Tassen pro Tag.

Mein Tipp:
Im Sommer schmeckt diese Zubereitung lecker als Iced Smoothie. Dazu die geschälte Banane in Stücken über Nacht einfrieren, mit eiskalter Milch und allen weiteren Zutaten pürieren, mit Eiswürfeln servieren. Im Winter für einen angenehm wärmenden Smoothie die Milch vor der Verwendung erwärmen, den Blumenkohl auftauen lassen und heißen Espresso verwenden.

2 SMOOTHIES ALS MITTAGESSEN

Würzige Smoothies zum Löffeln – ob warm oder kalt – sorgen mittags für ein besonderes Mahlzeiten-Feeling. Und sie machen alle Ausreden überflüssig …

DANK VORBILD RAUS AUS DER PIZZAFALLE

Als Model wurde früher bei Fotoshootings von mir erwartet, dass ich eine gute Figur habe, dass meine Haut strahlt und ich stundenlang voller Elan vor der Kamera posiere. Dann kam die Mittagspause – und was landete auf dem Tisch? Ein riesiger Stapel Pizzakartons! Klar habe ich zugegriffen, ich hatte ja Hunger und nichts anderes dabei. Doch die **Strafe kam prompt, in Form eines Energietiefs,** das regelmäßig auf diese fettige und wenig nährstoffreiche Mahlzeit folgte.

Damals wurde eine Visagistin zu meinem **Food-Vorbild:** Denn sie umging die Pizzafalle und brachte sich ihr **eigenes Mittagessen mit** – meistens in Form einer Suppe, die sie sich schnell heiß machte, während alle anderen sich auf die Pizza stürzten. Dreimal dürft ihr raten, wer die zweite Hälfte des Tages besser durchhielt als alle anderen …

ZWEIMAL IST BESSER ALS KEINMAL

Durch diese Visagistin erkannte ich: Ich kann nicht an jedem Ort etwas Gesundes und Nahrhaftes zum Essen erwarten. Aber ich kann mich **selbst darum kümmern** und **die Verantwortung für mich und meinen Körper** übernehmen.

Was habe ich bei diesem Thema schon für Ausreden gehört: „In der Kantine gibt es einfach nichts Gescheites!“ oder „Ich hatte keine Zeit und unterwegs gab's nur eine Burger-Bude!“. Dabei habt IHR es selbst in der Hand! Wenn's um Smoothies geht, sogar wortwörtlich.

Sich morgens schnell einen Smoothie zuzubereiten, ihn in die Tasche zu packen und mittags **genau dort zu trinken, wo man sich eben gerade befindet** – einfacher geht's doch nicht! Ihr müsst das ja nicht jeden Tag machen. Aber wenn möglich zweimal pro Woche? Das ist besser als keinmal. Vielleicht wollt ihr morgens oder abends mit euren Lieben zusammen essen – dann ist **mittags doch der ideale Zeitpunkt für einen Smoothie.**

Die zehn Minuten, die ihr für die Zubereitung braucht, können genau die zehn Minuten sein, die euren ganzen Tag verändern, mental und körperlich. Zehn Minuten weniger Social-Media-Scrollen, dafür **zehn Minuten mehr für eure Gesundheit.** Setzt ihr diese Priorität, ist die Zeit plötzlich da, glaubt es mir.

Dass man es nicht immer schafft, sich ein nährstoffreiches Gericht zu kochen – das kann ich voll und ganz nachvollziehen. Aber zehn Minuten und das (fast) ohne Schnippeln? Das sollte euch euer Wohlbefinden wert sein!

HEISS ODER KALT?

Das Schöne: Meine würzigen Mittags-Smoothies begleiten euch durchs ganze Jahr. Ihr findet

Rezepte für Smoothies, die ihr **an heißen Tagen kalt löffeln könnt,** wie zum Beispiel eine erfrischende Gazpacho. **Für die kalte Jahreszeit** dagegen gibt es Smoothies, die sich erhitzen lassen. Wichtig: Nur einmal kurz aufkochen, damit nicht zu viele Vitamine verloren gehen. An eurem Arbeitsplatz gibt es keinen Herd? **Thermobecher** halten einen Smoothie, den ihr morgens zu Hause erhitzt, stundenlang warm. An heißen Tagen sorgen sie dafür, dass auch gekühlte Smoothies sich unterwegs nicht der Umgebungstemperatur anpassen.

IDEALE ZUTATEN FÜR DEN MITTAGS-SMOOTHIE

Mittags haben wir oft einen Bärenhunger, der langfristig gestillt werden will. Schlau ist hier der Einsatz von Sattmacher-Eiweiß, wie es in **Kichererbsen, Edamame, grünen Bohnen** oder **Erbsen** steckt. Kichererbsen bieten zudem reichlich Ballaststoffe und sich langsam abbauende Kohlenhydrate. Diese senken sogar den Blutzuckerspiegel, statt ihn (wie zum Beispiel eine Pizza mit Weißmehl) in die Höhe schießen zu lassen. Nach so einer Blutzuckerspitze folgt meist schnell der Absturz und damit die nächste Heißhungerattacke, man greift in die „geheime" Schublade mit den Süßigkeiten – ein ewiger Teufelskreis ...

Auch **Hanfsamen** schenken lang anhaltende Energie, **frisches Basilikum** wirkt Stress entgegen und macht gute Laune. Die Natur ist unser Helfer!

Mein Tipp:

KNUSPER-BEILAGE AUS DEM BACKOFEN

Wenn es für euch noch ungewohnt ist, mittags nur einen Smoothie zu euch zu nehmen, macht euch dazu noch diese schnellen Leinsamencracker: 100 g geschroteten Leinsamen, 50 g Kürbiskerne, 30 g Sesamsamen vermischen und mit getrocknetem Oregano, Paprikapulver und Salz verfeinern. 1 EL Tomatenmark und 100 ml Wasser dazugeben, verrühren und 15 Minuten quellen lassen. Die Masse auf einem mit Backpapier ausgelegten Backblech dünn verstreichen und 20–25 Minuten bei 160 °C (Ober-/Unterhitze) backen. Abkühlen lassen und in einzelne Stücke zerbrechen.

ITALO-DREAM

Für 1 Portion

Nährwerte: Pro Portion ca. 320 kcal, 16 g E, 25 g F, 7 g KH

Zutaten:

1 TL Pinienkerne
75 g Zucchini
2 reife Tomaten
30 g Rucola
2 Stiele Basilikum
½ Kugel Mozzarella (ca. 60 g)
1 TL grünes Pesto (Glas)
1 TL Olivenöl
einige Tropfen Tabasco
Salz
Pfeffer

Zum Garnieren
3 Kirschtomaten
Basilikumblätter
Holzspieß

Zubereitung: ca. 15 Min.

1 Pinienkerne in einer Pfanne ohne Fett goldbraun rösten und sofort herausnehmen. Zucchini putzen, waschen und in grobe Stücke schneiden. Tomaten waschen, vierteln und dabei Stielansätze entfernen. Rucola verlesen, waschen und abtropfen lassen. Basilikum waschen, trocken schütteln und von den Stielen zupfen. Mozzarella gründlich trocken tupfen. Alles in einen Mixer füllen.

2 150 ml kaltes Wasser, Pesto, Öl, Tabasco, etwas Salz sowie Pfeffer hinzufügen und alles cremig pürieren. Je nach gewünschter Konsistenz noch etwas mehr Wasser untermixen, den Smoothie mit Salz und Pfeffer abschmecken. In ein Glas gießen. Kirschtomaten und Basilikum im Wechsel auf den Spieß stecken, Smoothie damit sofort servieren.

Extra-Kick für eure Gesundheit:
Der rote Farbstoff Lykopin aus den Tomaten kann die Zellen gegen die schädliche Wirkung von UV-Strahlen schützen und deren negativen Effekte auf unsere Haut reduzieren. Auf Sonnencreme solltet ihr aber trotzdem nicht verzichten!

Mein Tipp:
Noch sättigender wird der Smoothie, wenn ihr 50 g gegarte Hirse oder Quinoa untermixt und ihn als Bowl zum Löffeln serviert.

GAZPACHO-SMOOTHIE

Für 1 Portion

Nährwerte: Pro Portion ca. 390 kcal, 15 g E, 27 g F, 21 g KH

Zutaten:

300 g reife Tomaten
100 g Wassermelonen-fruchtfleisch
½ grüne Paprikaschote
50 g Salatgurke
1 EL Weißweinessig
1 EL Olivenöl
30 g geschälte Hanfsamen
Salz
Pfeffer

Zum Servieren
Eiswürfel (nach Belieben)

Zubereitung: ca. 15 Min.

1 Tomaten waschen, vierteln und dabei die Stielansätze entfernen. Melone in grobe Stücke schneiden. Paprikaschote waschen, entkernen und grob würfeln. Gurke waschen und in grobe Stücke schneiden.

2 Alle vorbereiteten Zutaten mit Essig, 125 ml kaltem Wasser, Öl, Hanfsamen und ½ TL Salz in einem leistungsstarken Mixer glatt pürieren. Mit Salz und Pfeffer abschmecken. In ein Glas gießen, nach Belieben Eiswürfel dazugeben und sofort servieren.

Extra-Kick für eure Gesundheit:

Angelehnt an den spanischen Sommerklassiker hat dieser Smoothie kühlende Eigenschaften und wirkt herrlich erfrischend, besonders an heißen Tagen. Verantwortlich dafür ist das enthaltene wasserreiche Gemüse und Obst. Mit dessen Hilfe könnt ihr außerdem eure Mineralstoffvorräte wieder auffüllen, die ihr beim Schwitzen schnell verliert.

Mein Tipp:
Kein Fan von Wassermelone oder gerade keine Wassermelone im Haus? Dann einfach 100 g Tomaten mehr für den Smoothie verwenden. Für eine spicy Version noch ½ rote Chilischote oder etwas Chilisauce untermixen.

GRÜNE SMOOTHIE-BOWL

Für 1 Portion

Nährwerte: Pro Portion ca. 550 kcal, 36 g E, 41 g F, 9 g KH

Zutaten:

50 g TK-Edamame (grüne Sojabohnen; alternativ TK-Erbsen oder TK-Dicke-Bohnenkerne)
½ reife Avocado
1 Stange Staudensellerie
125 g Brokkoliröschen
3 Stiele Petersilie
1 Stiel Minze
1 grüne Chilischote
1 EL geschälte Hanfsamen
2–3 TL Zitronensaft
1 EL Olivenöl
½ TL gemahlener Kreuzkümmel
50 g Feta

Zum Garnieren
Minze

Extra-Kick für eure Gesundheit:
Diese Bowl ist ein echter und lang anhaltender Sattmacher. Das liegt nicht nur an der ausgewogenen Nährstoffzusammensetzung und dem hohen Eiweißgehalt, sondern auch daran, dass sie gelöffelt wird. Dadurch nimmt man sie automatisch langsamer zu sich als einen flüssigen Smoothie zum Trinken und spürt das Sättigungsgefühl besser.

Zubereitung: ca. 15 Min.

1 Edamame in einer Schüssel mit kochendem Wasser aus dem Wasserkocher übergießen und ca. 5 Minuten ziehen lassen.

2 Inzwischen Avocadofruchtfleisch aus der Schale und vom Kern lösen. Sellerie putzen, nach Bedarf entfädeln, waschen und in grobe Stücke schneiden. Die Brokkoliröschen waschen. Kräuter waschen, trocken schütteln und von den Stielen zupfen. Chilischote waschen und entkernen, einige Ringe zum Garnieren abschneiden und beiseitelegen. Restliche Schote in grobe Stücke schneiden. Edamame abgießen.

3 Alle vorbereiteten Zutaten, außer die Chiliringe, mit Hanfsamen, Zitronensaft, Öl, Kreuzkümmel und etwas Salz in einem leistungsstarken Mixer cremig pürieren. Mit Salz und Pfeffer abschmecken, in einer Schüssel anrichten. Feta darüber bröseln. Mit Chiliringen und Minze garnieren.

ROSA HUMMUS-SMOOTHIE

Für 1 Portion

Nährwerte: Pro Portion ca. 485 kcal, 21 g E, 24 g F, 43 g KH

Zutaten:

100 g vorgegarte Rote Bete (vakuumverpackt)
1 kleine Dose Kichererbsen (150 g Abtropfgewicht)
20 g Tahin (Sesampaste)
150 g Joghurt
1 EL Orangensaft
1 TL Olivenöl
1 Msp. gemahlener Kreuzkümmel
Salz
Pfeffer

Zubereitung: ca. 10 Min.

1 Rote Bete in grobe Stücke schneiden. Kichererbsen abgießen und abtropfen lassen.

2 Beides mit allen weiteren Zutaten und 150 ml kaltem Wasser in einem leistungsstarken Mixer cremig pürieren. Je nach gewünschter Konsistenz noch etwas mehr Wasser untermixen. Mit Salz und Pfeffer abschmecken. In ein Glas gießen und servieren.

Extra-Kick für eure Gesundheit:

Dieser Smoothie unterstützt die Blutbildung gleich doppelt: Kichererbsen sind eine gute Quelle für pflanzliches Eiweiß, dessen Aufnahme durch das Vitamin C aus dem Orangensaft noch gefördert wird. Die Rote Bete ist mit ihrer Kombi aus Pflanzeneisen und Folsäure maßgeblich an der Bildung roter Blutkörperchen beteiligt. So kann der Sauerstofftransport im Blut optimal ablaufen, was euch fit und munter macht.

WARMER KÜRBIS-KURKUMA-SMOOTHIE

Für 1 Portion

Nährwerte: Pro Portion ca. 300 kcal, 10 g E, 21 g F, 16 g KH

Zutaten:

200 g Hokkaido- oder Butternusskürbis
1 haselnussgroßes Stück Ingwer
200 ml ungesüßter Pflanzendrink (z. B. Erbse oder Mandel)
2 EL helles Mandelmus
1 EL Leinsamen (oder Chiasamen)
1 TL Kurkumapulver
1 Msp. gemahlene Muskatnuss
Salz
Pfeffer
2 EL gehackte Petersilie

Zubereitung: ca. 25 Min.

1 Kürbis waschen und entkernen. Butternusskürbis schälen. Fruchtfleisch in kleine Würfel schneiden, mit 200 ml Wasser bedeckt in einem Topf aufkochen und in 15–18 Minuten weich dünsten. Abgießen, Kochwasser dabei auffangen.

2 Ingwer schälen und grob würfeln. Mit Kürbis samt ca. 100 ml Kochwasser und allen weiteren Zutaten in einem leistungsstarken Mixer cremig pürieren. Mit Salz und Pfeffer abschmecken und mit Petersilie bestreuen. Warm als Suppen-Smoothie zum Trinken oder Löffeln genießen. Falls du den warmen Smoothie mitnehmen möchtest, kannst du ihn einfach in einen Thermosbecher füllen.

Extra-Kick für eure Gesundheit:

Ideal für die kalte Jahreszeit, denn dieser Mix pusht die Abwehrkräfte. Dafür sorgt das Beta-Karotin aus dem Kürbis, die Scharfstoffe aus dem Ingwer, die ätherischen Öle der Kurkumawurzel und das Vitamin C aus der Petersilie. So haben fiese Schnupfenviren keine Chance!

Mein Tipp:
Für eine gesunde, aber süßliche Version den gekochten Kürbis komplett abkühlen lassen. Ohne Salz, Pfeffer und Petersilie, aber dafür mit 1–2 entsteinten Medjool-Datteln und etwas natürlichem Vanilleextrakt glatt mixen.

TSCHÜSS-HEISSHUNGER-SMOOTHIE

Für 1 Portion

Nährwerte: Pro Portion ca. 360 kcal, 25 g E, 23 g F, 13 g KH

Zutaten:

½ rosa Grapefruit
100 g Baby-Blattspinat
4 Stangen Staudensellerie
300 ml ungesüßter Pflanzendrink (z. B. Erbse oder Mandel)
1 TL ungesüßtes Mandel- oder Nussmus
20 g Hanfsamen

Zubereitung: ca. 15 Min.

1 Grapefruit so schälen, dass auch die weiße Haut größtenteils entfernt wird. Fruchtfleisch in grobe Stücke schneiden. Spinat verlesen, waschen und abtropfen lassen. Sellerie waschen, putzen, nach Bedarf entfädeln und in grobe Stücke schneiden.

2 Alle vorbereiteten Zutaten mit Pflanzendrink, Mandelmus, Hanfsamen und ca. 50 ml Wasser in einem leistungsstarken Mixer fein pürieren. Smoothie in ein Glas oder eine kleine Flasche füllen und sofort servieren.

Extra-Kick für eure Gesundheit:
Den elenden Heißhunger auf Süßes vertreibt diese Kombi sofort! Dafür sorgen die Bitterstoffe der Grapefruit und des Spinats sowie die wertvollen pflanzlichen Eiweiße und ungesättigten Fette aus Mandelmus und Hanfsamen. So macht euch dieser Smoothie satt und glücklich!

SPICY THAI-SMOOTHIE

Für 1 Portion

Nährwerte: Pro Portion ca. 500 kcal, 27 g E, 36 g F, 17 g KH

Zutaten:

¼ Salatgurke (125 g)
50 g Feldsalat
40 g Cashewkerne
50 g Kokosmilch
20 g ungesüßtes Proteinpulver
½–1 TL grüne Thai-Currypaste
1 TL Olivenöl
Salz
Pfeffer

Zum Garnieren
Koriander (nach Belieben)

Zubereitung: ca. 15 Min.

1 Gurke waschen und in grobe Stücke schneiden. Salat putzen, waschen und abtropfen lassen. Cashewkerne grob hacken.

2 Alle vorbereiteten Zutaten mit Kokosmilch, Proteinpulver, 150–200 ml kaltem Wasser, Currypaste und Öl in einen leistungsstarken Mixer füllen, dann pürieren. Mit Salz und Pfeffer abschmecken. In ein Glas füllen und mit Korianderblättern garniert servieren.

Extra-Kick für eure Gesundheit:
Ein Smoothie, der gute Laune macht! Cashewkerne enthalten nämlich viel Tryptophan, ein Eiweißstoff, aus dem im Gehirn das Glückshormon Serotonin gebildet wird. Dazu sind sie auch noch gute Lieferanten von pflanzlichem Eiweiß und gesunden ungesättigten Fetten, die dem Herz gut tun.

BANANA-BREAD-SMOOTHIE

Für 1 Portion

Nährwerte: Pro Portion ca. 475 kcal, 20 g E, 18 g F, 58 g KH

Zutaten:

1 reife Banane, in Stücken tiefgefroren
75 g gegarte Kichererbsen (Glas oder Dose)
20 g Haferflocken
20 g gehackte Walnusskerne
½ TL natürlicher Vanilleextrakt
¼ TL Zimtpulver
¼ TL Kurkumapulver
125 ml ungesüßter Pflanzendrink (z. B. Erbse oder Mandel)
50 g Magerquark

Zubereitung: ca. 10 Min.

1 Alle Zutaten mit 50 ml Wasser in einem leistungsstarken Mixer cremig pürieren. Je nach gewünschter Konsistenz noch etwas Wasser untermixen. In ein Glas füllen und sofort servieren.

Extra-Kick für eure Gesundheit:
Ein echter Stress-Buster, der wie ein süßes Hauptgericht schmeckt, uns in stressigen Zeiten aber mit jeder Menge wichtiger Nährstoffe versorgt. Der ausgewogene Mix aus Eiweiß, gesunden Fetten und langsam verdaulichen Kohlenhydraten sowie Ballaststoffen macht lange satt und besänftigt die Nerven. B-Vitamine und Mineralstoffe aus Banane, Haferflocken und Nusskernen stärken unsere mentale Verfassung, und die Gewürze machen einfach gute Laune.

Mein Tipp:
Reife Bananen portionsweise geschält und in Stücke geschnitten auf Vorrat einfrieren. So werden sie nicht schlecht und ihr könnt immer tiefgefrorene Banane für extra-cremige Smoothies aus dem Gefrierschrank zaubern.

3 SMOOTHIES ALS ABENDESSEN

Gerade abends ist der Einsatz des Mixers eine gute Idee: Mit den richtigen Zutaten können Smoothies den Körper bei der Regeneration über Nacht unterstützen. Denn sie belasten den Körper weniger als das klassische Abendbrot.

SMOOTHIES ÜBERNEHMEN DIE (VERDAUUNGS-)ARBEIT

Wie sieht euer Abendessen normalerweise aus? Da gibt es ja **die unterschiedlichsten Definitionen:** Als ich klein war, gab es bei uns zu Hause immer die Reste des Mittagessens. Mit meinem Mann koche ich abends oft ein warmes Essen, besonders, wenn wir uns sonst tagsüber kaum gesehen haben. Andere stehen eher auf eine kalte Brotzeit, weil's schnell geht und sich dennoch etwas Frisches dazu anbietet. Die Geschmäcker sind eben verschieden.

Für mich kann ein Abendessen auch **mal nur aus einem Smoothie bestehen!** Meinem Verdauungstyp kommt das entgegen: Ich vertrage abends kein Brot, und wenn ich mittags schon warm gegessen habe, mag ich später am Tag meistens nichts Schweres mehr, sonst liege ich die ganze Nacht lang wach.

Mit einem Smoothie passiert mir das nicht, denn damit ist mein Körper nicht noch stundenlang nach dem Genuss mit Verarbeiten beschäftigt. Smoothies werden **durchs radikale Zerkleinern der Zutaten im Mixer** quasi „vorverdaut". Der Körper muss also nicht mehr so viel Aufwand betreiben, um die Nährstoffe zu verarbeiten und aufzunehmen. Das ist gerade abends ein **unglaubliches Plus!**

SCHNELL AB IN DEN UNGLAUBLICH WICHTIGEN TIEFSCHLAF

Je früher unser Körper den Verdauungsprozess beendet hat, desto früher und mit mehr Power kann er damit beginnen, wofür unsere Nachtruhe eigentlich da ist: mit der **Regeneration.** Zwischen Einschlafen und Aufwachen passieren so viele innere Vorgänge – und alle laufen besser ab, wenn wir keinen Schweinebraten im Bauch haben.

Es werden **Hormone** auf- und abgebaut, **Nervenzellen** verknüpft und **Zellen** erneuert. Der **Körper heilt** an Stellen, wo er es nötig hat, **wehrt Krankheiten ab.** Und das **Gehirn** legt einen Neustart hin: Erlebtes wird im Schlaf verarbeitet, sortiert und abgespeichert.

Dies alles **passiert in der Tiefschlafphase** – aber nur, wenn sie auch lang genug ist. Insgesamt sollten es 1½–2 Stunden am Stück sein. Mit abendlichen Smoothies beeinträchtigt die Verdauung unsere Schlafqualität nicht.

IDEALE ZUTATEN FÜR DEN ABEND-SMOOTHIE

Abends solltet ihr keine reinen Obst-Smoothies einplanen, weil diese die Darmtätigkeit stark anregen und das Verdauungssystem auf Trab halten. Außerdem braucht ihr nun eher Zutaten, die den Blutzuckerspiegel möglichst niedrig halten – so wie **Avocados:** Sie bieten viel gesundes Fett, aber kaum Kohlenhydrate. **Magerquark** ist leicht verdaulich und wegen des hohen Eiweißgehalts ein guter Sattmacher. Das darin steckende Kalzium kurbelt die Produktion des Schlafhormons Melatonin an.

Zwei weitere Top-Zutaten: **Minze** (fördert die Verdauung) und **Chia- oder Leinsamen** (stabilisieren den Blutzuckerspiegel). Beide haben außerdem eine starke Quellwirkung, sodass sie für ein volleres Mundgefühl und später im Darm für eine gesunde Flora sorgen.

Gerade, wenn es mit einer gesunden Ernährung tagsüber nicht so gut gelaufen ist – aus welchen Gründen auch immer – könnt ihr mit einem Smoothie am Abend das Ruder noch mal ein Stück weit herumreißen. Ärgert euch nicht über verpasste Chancen, sondern **gönnt euch am Abend ganz bewusst etwas Gutes** für euren Kopf und Körper.

Wenn ich gekocht habe und wir gemeinsam am Tisch sitzen, frage ich gerne mal meinen Mann und die Kinder: Schmeckt ihr, was da alles drin ist? Manchmal ist es gar nicht so einfach, die einzelnen Komponenten herauszufinden. Dieses Achtsamkeitsspiel (siehe unten) funktioniert ebenso gut bei Smoothies. Es trainiert den Geschmacks- und Geruchssinn und sorgt nebenbei dafür, dass wir mit den Gedanken im Hier und Jetzt sind, nirgendwo anders. Das ist für mich persönlich pures Glück!

Mein Tipp:

EINE KLEINE LÖFFEL-MEDITATION

Löffelt abends euren Smoothie aus einem Suppenteller und macht eine Achtsamkeitsübung daraus: Schaltet alle Ablenkungen ab und legt auch das Handy beiseite. Setzt euch hin und versucht, beim langsamen Löffeln mal alle Geschmackskomponenten herauszufiltern. Lasst euch den Smoothie buchstäblich auf der Zunge zergehen und überlegt noch einmal: Was steckt da alles drin? Schwuppdiwupp befindet ihr euch in einem meditativen Zustand!

GEMÜSE-DUO

Für 1 Portion

Nährwerte: Pro Portion ca. 370 kcal, 30 g E, 22 g F, 12 g KH

Zutaten:

30 g Rote Bete
2 Stangen Staudensellerie
2 EL Zitronensaft
2 TL Olivenöl
30 g ungesüßtes Proteinpulver
50 g Kopfsalat
50 g Rucola
2 Stiele Basilikum
½ reife Avocado

Zubereitung: ca. 15 Min.

1 Rote Bete schälen und in grobe Stücke schneiden. Sellerie putzen, waschen, nach Bedarf entfädeln und in grobe Stücke schneiden. Beides mit Zitronensaft, Öl, der Hälfte des Proteinpulvers und 150 ml Wasser in einem leistungsstarken Mixer fein pürieren. In ein Glas gießen. Mixer spülen.

2 Alle Salatblätter putzen, waschen und abtropfen lassen. Harte Stiele vom Rucola nach Bedarf entfernen. Basilikum waschen, trocken schütteln und Blätter von den Stielen zupfen. Avocadofruchtfleisch aus der Schale und vom Kern lösen. Alle vorbereiteten Zutaten mit restlichem Proteinpulver (15 g) und 150 ml Wasser in den Mixer füllen und fein pürieren. Vorsichtig auf die Rote-Bete-Schicht im Glas gießen. Sofort servieren.

Extra-Kick für eure Gesundheit:
Mit wenig Kohlenhydraten, aber viel Eiweiß ist dieser Low Carb Smoothie ein echter Figurschmeichler. Denn er sättigt dank Eiweiß und gesundem Fett gut und ohne zu belasten. Dazu regt er die Fettverbrennung in der Nacht an.

AVOCADO-ANANAS-SMOOTHIE

Für 1 Portion

Nährwerte: Pro Portion ca. 385 kcal, 11 g E, 22 g F, 31 g KH

Zutaten:

½ reife Avocado
200 g Ananasfruchtfleisch (frisch oder TK)
¼ Salatgurke
1 Orange
½ Limette
5 Stiele Minze
20 g Chiasamen (alternativ Leinsamen)
1 EL geschälte Hanfsamen

Zum Servieren
Eiswürfel (nach Belieben)

Zubereitung: ca. 10 Min.

1 Avocadofruchtfleisch aus der Schale und vom Kern lösen, in einen leistungsstarken Mixer füllen. Ananas grob würfeln. TK-Ananas tiefgefroren verwenden. Gurke waschen und in grobe Stücke schneiden. Ananas und Gurke zur Avocado geben.

2 Orange und Limette schälen und in grobe Stücke schneiden. Minze waschen, trocken schütteln. Blätter von den Stielen zupfen. Alles mit Chiasamen, Hanfsamen und ca. 150 ml Wasser in einem leistungsstarken Mixer fein pürieren. In ein Glas oder eine kleine Flasche füllen, nach Belieben noch Eiswürfel dazugeben und sofort servieren.

Extra-Kick für eure Gesundheit:
Mit den Enzymen der Ananas, dem Vitamin C aus den Zitrusfrüchten und den gesunden Fetten aus Avocado, Chia- und Hanfsamen kann dieser Mix Mikroentzündungen im Körper entgegen wirken. Diese spielen bei der Entstehung vieler Krankheiten (z. B. bei Autoimmunerkrankungen: Arthrose, Rheuma, Diabetes Typ 1; Gefäßleiden und entzündlichen Darmerkrankungen) eine große Rolle.

GREEN-MONSTER-SMOOTHIE-BOWL

Für 1 Portion

Nährwerte: Pro Portion ca. 400 kcal, 15 g E, 25 g F, 27 g KH

Zutaten:

¼ Salatgurke (100 g)
80 g Spitzkohl
1 Orange
½ reife Avocado
1 walnussgroßes Stück Ingwer
1 große Medjool-Dattel
150 ml ungesüßter Pflanzendrink (z. B. Erbse oder Mandel)
1 EL Chiasamen (alternativ Leinsamen)
2 EL geschälte Hanfsamen

Zum Garnieren
Kokosraspel und Granatapfelkerne (nach Belieben)

Zubereitung: ca. 15 Min.

1 Gurke waschen und in grobe Stücke schneiden. Kohl waschen und in grobe Stücke schneiden. Orange schälen und in grobe Stücke schneiden. Avocadofruchtfleisch aus der Schale und vom Kern lösen. Ingwer schälen und grob schneiden. Dattel entkernen.

2 Pflanzendrink in einen leistungsstarken Mixer geben. Alle vorbereiteten Zutaten, Chia- sowie Hanfsamen dazugeben und gemeinsam cremig pürieren. Nach Bedarf noch etwas Wasser untermixen.

3 Smoothie in eine Schale füllen. Nach Belieben dekorativ mit Kokosraspel sowie Granatapfelkernen garnieren und servieren.

Extra-Kick für eure Gesundheit:
Salatgurken entwässern auf sanfte Art und wirken Wunder bei Wassereinlagerungen, die z. B. an den Tagen vor den Tagen, bei Hitze oder bei langem Stehen häufig vorkommen. Der Mineralstoff Kalium in der Gurke sorgt dann dafür, dass überflüssiges Wasser schneller ausgeschwemmt wird. So verschwindet das Druckgefühl in geschwollenen Knöcheln, Füßen und Waden wieder.

BLOODY-BUTTERMILCH-SMOOTHIE

Für 1 Portion

Nährwerte: Pro Portion ca. 390 kcal, 28 g E, 22 g F, 18 g KH

Zutaten:

2 Stangen Staudensellerie mit Grün
2 reife Tomaten
200 ml gut gekühlte Buttermilch
150 g Magerquark
2 EL Olivenöl
Salz
Pfeffer
Tabasco

Zubereitung: ca. 10 Min.

1 Staudensellerie putzen (Grün dranlassen), waschen und nach Bedarf entfädeln. Eine Stange beiseitelegen, zweite Stange samt Grün in grobe Stücke schneiden. Tomaten waschen, vierteln und die Stielansätze dabei entfernen.

2 Sellerie- und Tomatenstücke mit Buttermilch, Quark, Öl, Salz und Pfeffer in einem leistungsstarken Mixer fein pürieren.

3 Smoothie mit Salz, Pfeffer und Tabasco abschmecken. Das Ganze in ein Glas füllen. Die zweite Selleriestange in das Glas stellen und den Smoothie sofort servieren.

Extra-Kick für eure Gesundheit:
Der eiweißreiche Smoothie ist Beauty Food zum Trinken! Haut, Haare und Nägel bestehen aus Eiweiß – eine gute Versorgung damit lässt deshalb die Haut straffer wirken und kräftigt eure Haare und Nägel. Wer mag, knabbert dazu an der rohen Selleriestange, das schmeckt überraschend frisch und vitalisierend!

GRÜNER SATTMACHER

Für 1 Portion

Nährwerte: Pro Portion ca. 255 kcal, 21 g E, 4 g F, 30 g KH

Zutaten:

¼ Bio-Zitrone
½ grüner Apfel
1 Handvoll Minzeblätter
100 g junger Grünkohl (oder anderes grünes Blattgemüse wie z. B. Spinat oder Mangold)
100 g Magerquark
1 EL Haferkleie
200 ml ungesüßter Pflanzendrink (z. B. Erbse oder Mandel)

Zubereitung: ca. 10 Min.

1 Zitrone heiß waschen, trocken tupfen und die Schale fein abreiben. Zitrone schälen, Fruchtfleisch in grobe Stücke schneiden. Apfel waschen, in Spalten schneiden und vom Kerngehäuse befreien. Minze waschen. Grünkohl putzen, waschen und abtropfen lassen. Eventuell grobe Stiele und Blattrippen herausschneiden.

2 Alle vorbereiteten Zutaten mit Quark, Haferkleie, Pflanzendrink und 150 ml Wasser in einem leistungsstarken Mixer fein pürieren. Je nach gewünschter Konsistenz noch etwas Wasser untermixen.

Extra-Kick für eure Gesundheit:
Wenn ihr das Gefühl habt, dass ihr nach einer langen Partynacht oder einem üppigen Festessen einen Reset braucht: Hier ist er. Grünkohl ist vollgepackt mit dem grünen Blattfarbstoff Chlorophyll, der eine entgiftende und entwässernde Wirkung hat. Unterstützt wird er dabei durch die Vitamin-C- und flavonoidreiche Zitrone sowie die ballaststoffreiche, darmreinigende Haferkleie.

BLUEBERRY-CHEESECAKE-SMOOTHIE

Für 1 Portion

Nährwerte: Pro Portion ca. 365 kcal, 14 g E, 28 g F, 11 g KH

Zutaten:

2 Blätter Rotkohl
100 g TK-Heidelbeeren
100 g Magerquark
150 g ungesüßter Pflanzendrink (z. B. Erbse oder Mandel)
½ TL natürlicher Vanilleextrakt
1 EL Mandelmehl
30 g geschälte Hanfsamen
1 TL Rapsöl

Zubereitung: ca. 10 Min.

1 Rotkohl waschen, eventuell dicke Blattrippen flacher schneiden und den Kohl grob hacken. In einen leistungsstarken Mixer füllen.

2 Gefrorene Heidelbeeren sowie alle weiteren Zutaten mit ca. 100 ml Wasser dazugeben und alles cremig pürieren. Je nach gewünschter Konsistenz noch etwas mehr Wasser untermixen.

Extra-Kick für eure Gesundheit:

Die Farbe verrät es: Diese Mischung ist reich an Anthocyanen. Diese pflanzlichen Farbstoffe stecken in violetten, blauen und roten Obst- und Gemüsesorten wie Rotkohl und Heidelbeeren. Die bioaktiven Stoffe helfen unter anderem dabei, unseren Cholesterinspiegel in Balance zu halten. Das wirkt sich positiv auf das Herz und die Blutgefäße aus. So beugen wir Herz-Kreislauf-Erkrankungen vor.

Mein Tipp:
Für eine tolle Farbe des Smoothies verwendet ihr am besten echte (Wald-)Heidelbeeren, deren Fruchtfleisch schön blau ist. (Kultur-)Blaubeeren dagegen haben unter ihrer blauen Schale ein helles Fruchtfleisch und färben den Smoothie eher beige-grünlich.

GUACAMOLE-SMOOTHIE-BOWL

Für 1 Portion

Nährwerte: Pro Portion ca. 370 kcal, 30 g E, 18 g F, 21 g KH

Zutaten:

½ reife Avocado
200 g Magerquark
2 TL Limettensaft
½ TL gemahlener Kreuzkümmel
Salz
1 mittelgroße Tomate
½ rote Spitzpaprikaschote
¼ Bund Koriander
1 TL Olivenöl
Pfeffer

Zum Garnieren
Chiliflocken (nach Belieben)

Extra-Kick für eure Gesundheit:
Ein Smoothie, der dank Kreuzkümmel den Bauch flach macht und der selbst empfindlichen Mägen gut bekommt. Denn das Gewürz ist reich an ätherischen Ölen, die Blähungen bekämpfen und die Bildung von hilfreichen Verdauungssäften wie Speichel, Magensaft und Gallensekret fördern.

Zubereitung: ca. 15 Min.

1 Avocadofruchtfleisch aus der Schale und vom Kern lösen. Mit Quark, der Hälfte des Limettensafts, Kreuzkümmel, 100 ml Wasser und etwas Salz in einem leistungsstarken Mixer cremig pürieren. Mit Salz abschmecken und in eine Schale als Smoothie-Bowl füllen.

2 Tomate waschen, vierteln und dabei vom Stielansatz sowie den Samen befreien. Paprikaschote waschen und entkernen. Beides in kleine Würfel schneiden. Koriander waschen, trocken schütteln und samt dünner Stiele hacken. Alles mit Öl und restlichem Limettensaft (1 TL) in einer Schüssel vermischen. Mit Salz und Pfeffer abschmecken. Tomatensalsa auf der Bowl anrichten und nach Belieben mit Chiliflocken bestreuen.

4 SMOOTHIES VOR UND NACH DEM SPORT

Durch Smoothies versorgt ihr euren Körper mit Nährstoffen, die euch leistungsfähiger machen. Langfristig helfen sie euch sogar beim Aufbau und Erhalt von Muskeln!

SO STOPPTE ICH DEN RAUBBAU

Früher dachte ich immer, um fit zu sein, muss ich weniger essen und mehr Sport treiben. Gott sei Dank merkte ich, dass ich mit diesem Verhalten das Gegenteil erreichte: **Ich schadete meinem Körper immer mehr.** Denn wenn ihm beim Training nicht genug Energie zur Verfügung steht (im Blut oder in Form von Fettreserven), dann holt er sich diese aus den Muskeln.

Je älter man wird, desto gefährlicher ist das: Denn etwa ab dem 30. Lebensjahr **verliert jeder Mensch automatisch rund zehn Prozent Muskelmasse.** Sie wird nach und nach in Fett umgewandelt. Wer gegensteuern will, muss Muskeln durch Bewegung aufbauen – und diesen Prozess durch eine entsprechende **Ernährung unterstützen.**

Mir ist klar geworden: Wenn ich ohne nahrhafte Grundlage Sport mache, ist das Raubbau an meinem Körper. Ganz abgesehen davon, dass ich dann nicht so leistungsfähig bin.

SMOOTHIE + SPORT = PERFEKTE KOMBI

Ich habe oft das Gefühl, dass der Anreiz zum Sport rein das äußere Erscheinungsbild ist. Dabei bewegen wir uns doch nicht nur, um gut auszusehen! Viel wichtiger ist es, sich in seiner Haut wohlzufühlen, etwas für seine Gesundheit zu tun und mehr Energie zu haben. **Gerade Frauen in den Wechseljahren** sollten sich regelmäßig bewegen. Dadurch lassen sich **unschöne Begleiterscheinungen besser kompensieren** – von Hitzewallungen bis hin zu Müdigkeit und Schlafstörungen.

Die passenden Smoothies verstärken die positive Wirkung von Sport zusätzlich und unterstützen den Erhalt von Knochen, Gelenken und Wirbeln. Ich trinke mittlerweile oft vor **und nach dem Sport einen Smoothie.** Weil ich merke, wie gut es mir tut.

Vor einer Bewegungseinheit solltet ihr euren Körper mit **Kohlenhydraten und etwas Protein** versorgen. Dieses Duo gibt den Muskeln Energie. **Nach dem Training** benötigt ihr noch einmal **Protein, und zwar zur Regeneration.** Getrunken werden sollten die Smoothies spätestens 30 Minuten vor dem Sport und bis zu 1 Stunde danach.

IDEALE ZUTATEN FÜR DEN SPORT-SMOOTHIE

Proteinpulver ist eine gute Möglichkeit, um Sport-Smoothies gezielt mit dem Makronährstoff anzureichern. Ich will kein einzelnes Produkt empfehlen, dafür gibt es zu viele unterschiedliche Sorten auf dem Markt – aus Molke, Milcheiweiß, Mandeln, Soja ... Probiert aus, welches euch am besten schmeckt und bekommt (Molke zum Beispiel bereitet mir

Magenschmerzen). Und achtet darauf, dass es sich um ein hochwertiges Produkt handelt! Wenn ihr euch nicht sicher seid, **fragt in der Apotheke bzw. Drogerie** nach.

Beim Einkauf solltet ihr auf jeden Fall auf die **Zutatenliste schauen** und sichergehen, dass nicht zu viel Zucker hinzugefügt wurde. Da die Smoothie-Zutaten ja schon reichlich Geschmack bieten, braucht ihr eigentlich nur ein ganz neutrales Proteinpulver ohne extra Aromastoffe und Co.

Rote Bete fördert durch Nitrat und Folsäure die Regeneration der Muskeln, fettarme Milch hat eine isotonische Wirkung. **Cashewkerne** schützen vor Wadenkrämpfen nach intensiven Sporteinheiten, und **Datteln** füllen unsere Speicher wieder mit Mineralstoffen sowie Spurenelementen auf.

Mein Tipp:

DER DEAL MIT DEM SCHWEINEHUND

Warum eigentlich Bewegung? Zur Kräftigung des Körpers und um das Lymphsystem (die Müllabfuhr unseres Körpers) anzuregen. Beides funktioniert nur, wenn wir uns bewegen. Bin ich mir dieser Vorteile bewusst, macht es gleich mehr Spaß. Schon 20 Minuten Bewegung am Tag reichen!

Macht einen Deal mit eurem Schweinehund: Nehmt euch vor, nur mal 5 Minuten lang bei einem Fitnessvideo auf YouTube mitzumachen. Ohne Sportoutfit, ihr könnt gleich im Wohnzimmer starten. Ich wette, ihr bleibt länger als 5 Minuten dabei …

Oder besorgt euch ein kleines Hantelset oder Gummibänder fürs Krafttraining und platziert diese Dinge so, dass ihr sie möglichst oft im Blick habt. Startet klein, aber startet.

SALTED-CARAMEL-SMOOTHIE

Für 1 Portion

Nährwerte: Pro Portion ca. 435 kcal, 35 g E, 14 g F, 41 g KH

Zutaten:

2 reife Feigen
1 Medjool-Dattel
75 g TK-Blumenkohl
200 ml ungesüßter Pflanzendrink (z. B. Erbse oder Mandel)
1 EL Cashewmus
2 EL Haferflocken
½ natürlicher Vanilleextrakt
30 g ungesüßtes Proteinpulver
1 gute Prise Salz

Zubereitung: ca. 10 Min.

1 Feigen waschen, Stielansatz entfernen und die Früchte in grobe Stücke schneiden. Dattel entsteinen und grob würfeln.

2 Beides mit tiefgefrorenem Blumenkohl und allen weiteren Zutaten in einem leistungsstarken Mixer cremig pürieren. In ein Glas füllen und sofort servieren.

Extra-Kick für eure Gesundheit:

Perfekter After-Workout-Smoothie, der mit viel Eiweiß den Muskelaufbau unterstützt. Neue Erkenntnisse zeigen, wie wichtig das ist: Muskeln schütten Myokine aus, hormonähnliche Stoffe, die unsere Abwehrkräfte und das Herz stärken sowie die Gehirnleistung positiv beeinflussen. Zudem liefert der Smoothie viele Vitamine und Mineralstoffe, die unsere Regeneration nach dem Sport fördern.

BEEREN-SESAM-SMOOTHIE

Für 2 Portionen

Nährwerte: Pro Portion ca. 350 kcal, 10 g E, 19 g F, 33 g KH

Zutaten:

1 Medjool-Dattel
25 g Cashewkerne
1 EL Haferflocken
100 g TK-Himbeeren
10 g Tahin (Sesampaste)
½ TL natürlicher Vanilleextrakt
1–2 TL Zitronensaft
Salz
1 TL geschälte Sesamsamen

Zum Servieren
Eiswürfel (nach Belieben)

Zubereitung: ca. 10 Min. (+ Wartezeit)

1 Dattel entsteinen und grob würfeln. Cashewkerne grob hacken. Beides mit Haferflocken in einen leistungsstarken Mixer füllen. Mit 250 ml kochendem Wasser aus dem Wasserkocher übergießen und ca. 20 Minuten ziehen lassen.

2 Tiefgefrorene Himbeeren, Tahin, Vanille, Zitronensaft sowie 1 Prise Salz dazugeben und alles cremig pürieren. Je nach gewünschter Konsistenz noch etwas Wasser untermixen. In ein Glas füllen, mit Sesamsamen bestreuen. Nach Belieben mit Eiswürfeln und sofort servieren.

Extra-Kick für eure Gesundheit:
Reich an Mineralstoffen, vor allem Kalzium, trägt Sesam hier in konzentrierter Form als Paste zur Regeneration des Körpers nach dem Sport bei. Auch die Datteln liefern eben jene Mineralstoffe, die uns nach dem Auspowern schneller wieder fit machen.

MAROKKANISCHER AVOCADO-SMOOTHIE

Für 1 Portion

Nährwerte: Pro Portion ca. 330 kcal, 15 g E, 15 g F, 34 g KH

Zutaten:

½ reife Avocado
1 Medjool-Dattel
3 Stiele Minze
50 g TK-Erbsen
300 ml fettarme Milch (alternativ ungesüßter Pflanzendrink)
¼ TL Zimtpulver
1 Prise frisch geriebene Muskatnuss

Zubereitung: ca. 10 Min.

1 Avocadofruchtfleisch aus der Schale und vom Kern lösen. Dattel entsteinen und grob würfeln. Minze waschen, trocken schütteln und die Blätter von den Stielen zupfen.

2 Alle vorbereiteten Zutaten mit tiefgefrorenen Erbsen, Milch, Zimt und Muskat in einem leistungsstarken Mixer cremig pürieren. In ein Glas gießen und sofort servieren.

Extra-Kick für eure Gesundheit:

Dieser Smoothie ist ein super Begleiter für eure Workouts! Denn die fettarme Milch ist ein kalorienarmes und natürliches isotonisches Getränk. Das bedeutet, dass sie die durch das Schwitzen verlorene Flüssigkeit samt Elektrolyten besonders schnell ersetzen kann. Durch die Zusammensetzung der enthaltenen Mineralstoffe kann unser Körper sie nämlich sehr gut aufnehmen. Das unterstützt eine gute Performance beim Training.

BEEREN-SMOOTHIE MIT ROTER BETE

Für 1 Portion

Nährwerte: Pro Portion ca. 470 kcal, 32 g E, 18 g F, 43 g KH

Zutaten:

½ reife Banane
½ reife Avocado
50 g Rote Bete
1 haselnussgroßes Stück Ingwer
60 g TK-Beerenmix (z. B. Himbeeren und Blaubeeren)
25 g ungesüßtes Proteinpulver
1 EL Zitronensaft
250 ml grüner Tee, abgekühlt
25 g Quinoaflocken
1 EL geschälte Hanfsamen

Zum Garnieren
Cashewkerne (nach Belieben)

Zubereitung: ca. 10 Min.

1 Banane schälen, dabei auch das Innere der Bananenschale auskratzen. Banane in grobe Stücke schneiden. Avocadofruchtfleisch aus der Schale und vom Kern lösen. Rote Bete schälen und grob würfeln. Ingwer schälen und grob würfeln.

2 Alle vorbereiteten Zutaten mit tiefgefrorenen Beeren, Proteinpulver, Zitronensaft, Tee, Quinoaflocken und Hanfsamen in einem leistungsstarken Mixer fein pürieren. Je nach gewünschter Konsistenz noch etwas Wasser untermixen. In ein Glas füllen und nach Belieben mit Cashewkernen servieren.

Extra-Kick für eure Gesundheit:
Rote Bete ist ein großartiges Gemüse, wenn ihr gern Sport treibt! Denn sie fördert durch die natürlich enthaltenen Nitrate die Regeneration der Muskeln nach körperlicher Anstrengung. Zudem erhöhen Beten mit ihrer guten Portion Eisen eure Sauerstoffversorgung der Zellen, was Leistungsfähigkeit und Ausdauer steigern kann. Also, vor der nächsten Laufrunde erst einmal einen Beten-Smoothie als legales Doping schlürfen …

ORANGEN-PROTEIN-SMOOTHIE

Für 1 Portion

Nährwerte: Pro Portion ca. 300 kcal, 22 g E, 7 g F, 32 g KH

Zutaten:

½ Orange
1 kleine Tomate
25 g Möhre
25 g getrocknete Aprikosen
125 g körniger Frischkäse
1 TL blanchierte Mandeln
100 ml fettarme Milch
¼ TL Zimtpulver
1 Prise gemahlener Kardamom (nach Belieben)

Zubereitung: ca. 10 Min.

1 Orange schälen und in grobe Stücke schneiden. Tomate waschen, vierteln und den Stielansatz dabei entfernen. Möhre putzen, schälen und in grobe Stücke schneiden.

2 Alle vorbereiteten Zutaten sowie die Aprikosen mit Frischkäse, Mandeln, Milch und Gewürzen in einem leistungsstarken Mixer cremig pürieren. Je nach gewünschter Konsistenz noch etwas Wasser untermixen. In ein Glas füllen, nach Belieben mit Kardamom bestreuen und sofort servieren.

Extra-Kick für eure Gesundheit:

Körniger Frischkäse ist eine fettarme natürliche Eiweißbombe – perfekt für Sportdrinks. Das Milcheiweiß kann von unserem Körper besonders gut aufgenommen werden und versorgt so die Muskeln mit Eiweiß. Außerdem sättigt es gut.

SPORTY-GREEN-SMOOTHIE

Für 1 Portion

Nährwerte: Pro Portion ca. 300 kcal, 33 g E, 9 g F, 21 g KH

Zutaten:

50 g Blattsalat (z. B. Feldsalat oder Rucola)
2 Stiele Kerbel oder Petersilie
1 Kiwi
1 walnussgroßes Stück Ingwer
1–2 Medjool-Datteln
50 g TK-Brokkoli
1 EL geschälte Hanfsamen
200 ml ungesüßtes Kokoswasser (alternativ Wasser)
30 g ungesüßtes Proteinpulver

Zubereitung: ca. 10 Min.

1 Salat putzen, waschen und abtropfen lassen. Kräuter waschen, trocken schütteln und die Blättchen von den Stielen zupfen. Kiwi schälen und in grobe Stücke schneiden. Ingwer schälen und grob würfeln. Datteln entsteinen und grob würfeln.

2 Alle vorbereiteten Zutaten mit tiefgefrorenem Brokkoli, Hanfsamen, Kokoswasser und Proteinpulver in einem leistungsstarken Mixer glatt pürieren. In ein Glas oder eine kleine Flasche füllen und sofort servieren.

Extra-Kick für eure Gesundheit:

Der grüne Mix punktet durch die dunklen Blattsalate, Kräuter und Brokkoli mit viel Folsäure. Das B-Vitamin, das bei vielen Menschen knapp ist, spielt eine bedeutende Rolle für die Energiebereitstellung und die Zellerneuerung des Körpers. Beim Sport ist eine gute Versorgung mit dem Vitalstoff deshalb wichtig für die Leistungsfähigkeit und Regeneration.

VAMPIRE KISS

Für 1 Portion

Nährwerte: Pro Portion ca. 340 kcal, 30 g E, 12 g F, 25 g KH

Zutaten:

10 g Walnusskerne
50 g Rote Bete
1 Möhre, samt Grün
1 EL Zitronensaft
30 g ungesüßtes Proteinpulver
1 TL Raps- oder Walnussöl

Zum Garnieren

Möhrengrün und gehackte Walnusskerne (nach Belieben)

Zubereitung: ca. 15 Min.

1 Nusskerne in einer Pfanne ohne Fett rösten, herausnehmen und grob hacken. Rote Bete und Möhre putzen, schälen und in Stücke schneiden. Möhrengrün grob hacken.

2 Gemüse und Möhrengrün mit Zitronensaft, 250 ml Wasser, gehackten Nusskernen, Proteinpulver und Öl in einem leistungsstarken Mixer fein pürieren. Je nach gewünschter Konsistenz noch etwas mehr Wasser untermixen. Smoothie in ein Glas füllen, nach Belieben mit Möhrengrün und Nussstückchen garnieren, sofort servieren.

Extra-Kick für eure Gesundheit:

Möhrengrün steckt voller Vitalstoffe, die den Stoffwechsel anregen. Zum Wegwerfen ist es deshalb viel zu schade! Es lässt sich wie Kräuter verwenden und hat einen angenehm würzigen Geschmack, der dem Smoothie das gewisse Extra verleiht. Wenn ihr keine Möhre mit Grün habt, dann stattdessen die Blätter von zwei Stielen Petersilie verwenden.

MUCKI-LIEBLING

Für 1 Portion

Nährwerte: Pro Portion ca. 355 kcal, 32 g E, 11 g F, 30 g KH

Zutaten:

1 Nektarine oder Pfirsich
½ gelbe Paprikaschote
3 getrocknete Aprikosen
25 g ungesüßtes Proteinpulver
1 EL ungesüßtes Cashewmus
150 ml fettarme Milch oder ungesüßter Pflanzendrink (z. B. Erbse oder Mandel)

Zubereitung: ca. 10 Min.

1 Nektarine oder Pfirsich waschen, Fruchtfleisch vom Stein schneiden. Paprikaschote waschen, entkernen und grob würfeln. Aprikosen grob würfeln.

2 Alle vorbereiteten Zutaten mit Proteinpulver, Cashewmus und Milch in einem leistungsstarken Mixer fein pürieren. Je nach gewünschter Konsistenz noch etwas Wasser untermixen. In ein Glas füllen und sofort servieren.

Extra-Kick für eure Gesundheit:

Vor oder während dem Training ideal: Dieser Smoothie versorgt euch mit viel Eiweiß für den Muskelaufbau und mit Kohlenhydraten, die schnelle Energie liefern. Mineralstoffe aus der Milch und den getrockneten Aprikosen helfen bei der Regeneration. Vitamin C aus Paprikaschote und Obst unterstützt die Fettverbrennnug.

5 SMOOTHIES FÜR MEHR ENERGIE UND GUTE LAUNE

Es gibt Tage, an denen man einfach schlapp oder nicht gut drauf ist. Die gute Nachricht: Auch da sind Smoothies eine Lösung! Es gibt Rezepte, die glücklich machen, munter – oder beides auf einmal.

MIT FALSCHEM SOULFOOD KIPPT DIE STIMMUNG

Manchmal muss es einfach Soulfood sein. Also Essen, **das der Seele guttut.** Leider verbinden viele Menschen das mit Lebensmitteln, die für unseren Körper so gar nicht gesund sind.

Einer der beliebtesten Snacks bei schlechter Laune oder einem Durchhänger sind **Süßigkeiten** – begleitet von dem Seufzer: „Meine Nerven brauchen das jetzt!" Leider ist genau DAS das Einfallstor zu einem Teufelskreis.

Schlechte Laune oder ein Energietief treten bei mir nämlich genau dann auf, wenn ich zu lange im „Schlampermodus" war. So nenne ich es, wenn ich ein paar Tage in Folge nicht die Sachen esse, die normalerweise auf meinem Speiseplan stehen, oder wenn ich mehr Alkohol getrunken habe.

In solchen Situationen kippt bei mir fast immer die Stimmung. **Mir geht es nicht gut, körperlich und seelisch.** Ich habe negative Gedanken und keine Lust, mich mit irgendwem zu treffen. Ich fühle mich nicht wie ich selbst! Und dann weiß ich, was zu tun ist: Ganz hart gegensteuern!

VERSUCHT MAL DEN GEDANKEN-SWITCH

Wenn ihr euch in einer **negativen Gedankenspirale** befindet, solltet ihr umso mehr auf euch und eure Ernährung achten. Nach dem Burger geht einem oft durch den Kopf „Jetzt ist eh schon alles wurscht", und man legt mit Schokolade nach. Aber so geht's in der besagten Spirale nur immer weiter nach unten.

Versucht stattdessen, den **Gedanken-Switch** hinzukriegen. Weg von „Der Zug ist abgefahren" hin zu „Ab jetzt werde ich mir wieder was (wirklich) Gutes tun". Euer Körper spricht zu euch – durch **Heißhungerattacken, Müdigkeit, Hautprobleme** oder **Kopfschmerzen.** Geht es ihm nicht gut, geht es euch nicht gut. Päppelt ihn mit einer **reichhaltigen Mahlzeit aus dem Smoothie-Mixer** wieder auf.

Wenn ich mir morgens einen Smoothie zubereite, zolle ich mir selbst gegenüber damit gleichzeitig Respekt. Ich mache mir klar: Ich tue etwas für mich. Ich nehme die Sache in die Hand, zeige Verantwortung für meinen Körper. Mit diesem Gefühl gehe ich den Rest des Tages (und eventuell auftauchende Schwierigkeiten) lösungsorientierter und mit einem größeren Selbstwertgefühl an. Schließlich habe ich die Kontrolle!

IDEALE ZUTATEN FÜR DEN GUTE-LAUNE- UND ENERGIE-SMOOTHIE

Schokolade mit einem Kakaoanteil von über 75 Prozent muss auf keine Verbotsliste. Im Gegenteil: Sie ist ein Gute-Laune-Garant, da sie die essenzielle Aminosäure Tryptophan liefert, die wiederum die Produktion des Glückshormons Serotonin ankurbelt. Wer's lieber fruchtig mag: **Banane** zählt ebenso zu den Tryptophan-Lieferanten. In Kombination sind diese beiden Zutaten auch im Smoothie geschmacklich unschlagbar! Was auch gut zu Schokolade passt: **Chili.** Die scharfen Schoten (egal, ob frisch oder in Flockenform) wirken anregend auf den Kreislauf und machen dadurch wach. Das ganze System kommt wieder in Schwung, man bekommt wieder mehr Lust sich zu bewegen. Und Bewegung garantiert einfach gute Laune.

Sprossen (z. B. Radieschensprossen, Kresse oder Brokkolisprossen) sorgen im Smoothie für eine leichte Schärfe. Sie lösen wie Chili einen Energieschub aus. **Leinöl** steigert durch seine Omega-3-Fettsäuren unsere geistige Leistungsfähigkeit.

Mein Tipp:

VERTRAUT NUR AUF „GUTE FREUNDE“

Ihr habt schlechte Laune? Dann sucht nicht im Außen nach Abhilfe, sondern in euch drin. Aktuell könnt ihr vielleicht die Umstände nicht ändern, aber fragt euch doch mal, was ihr an euch ändern könnt, um euch trotzdem besser zu fühlen.

Süßes ist auf der Zunge kurz wunderbar – da bin ich ganz bei euch! Aber kommt ihr mit dem pappsüßen Schokoriegel wirklich besser durch den Tag? Ihr dürft von Lebensmitteln erwarten, dass sie euch etwas geben – wie ein guter Freund oder eine gute Freundin. Tun sie es nicht, verzichtet darauf. Lasst euch nicht von „falschen Freunden“ runterziehen.

IMMUN-BOOSTER

Für 1 Portion

Nährwerte: Pro Portion 200 kcal, 8 g E, 9 g F, 17 g KH

Zutaten:

75 g junger Grünkohl
75 g Staudensellerie
20 g Brokkolisprossen (alternativ Kresse)
50 g Mangofruchtfleisch (frisch oder TK)
½ Limette
1 TL Leinöl
½ TL Kurkumapulver
1 EL Sonnenblumenkerne

Zubereitung: ca. 10 Min.

1 Grünkohl waschen, eventuell grobe Blattrippen herausschneiden. Sellerie putzen, waschen, nach Bedarf entfädeln und in grobe Stücke schneiden. Sprossen kalt abspülen und trocken schütteln. Mango in grobe Stücke schneiden. Limette schälen und ebenfalls in grobe Stücke schneiden.

2 Alle vorbereiteten Zutaten mit Öl, Kurkuma sowie Sonnenblumenkernen mit 250 ml Wasser in einem leistungsstarken Mixer fein pürieren. Je nach gewünschter Konsistenz noch etwas mehr Wasser untermixen. In ein Glas füllen und sofort servieren.

Extra-Kick für eure Gesundheit:
Mit einer Vielzahl an Nähr- und Vitalstoffen aus besonders nährstoffreichen Lebensmitteln wie Grünkohl und Brokkolisprossen bringt dieser Smoothie deine Abwehrkräfte Schluck für Schluck ganz nach vorne – besonders empfehlenswert, wenn euer Immunsystem durch viel Stress geschwächt ist.

GUTE-LAUNE-SMOOTHIE

Für 1 Portion

Nährwerte: Pro Portion 300 kcal, 28 g E, 14 g F, 15 g KH

Zutaten:

50 g Kapstachelbeeren (Physalis)
5–6 Rosmarinnadeln
1 Möhre
100 ml ungesüßter Pflanzendrink (z. B. Erbse oder Mandel)
2 EL Orangensaft
30 g ungesüßtes Proteinpulver
1 EL Leinöl

Zum Garnieren

Kapstachelbeere und Rosmarinzweig (nach Belieben)

Zubereitung: ca. 10 Min.

1 Kapstachelbeeren aus den Hüllen lösen und waschen. Rosmarin waschen. Möhre putzen, schälen und in grobe Stücke schneiden.

2 Alle vorbereiteten Zutaten mit Pflanzendrink, Orangensaft, Proteinpulver, Öl und 50 ml Wasser in einem leistungsstarken Mixer fein pürieren. Je nach gewünschter Konsistenz noch etwas mehr Wasser untermixen. In ein Glas füllen und sofort servieren.

Extra-Kick für eure Gesundheit:

Leinöl ist reich an wertvollen Omega-3-Fettsäuren, die unser Körper nicht selbst herstellen kann. Studien zeigen, dass diese Fettsäuren für angenehme Gefühle sorgen und sogar Ängste und depressive Verstimmungen lindern können. Das liegt vermutlich daran, dass sie einen positiven Einfluss auf unser Gehirn haben. Beim Einkauf darauf achten, dass es kalt gepresst und in einer dunklen Flasche verpackt ist. Nach Anbruch im Kühlschrank aufbewahren.

MEXICAN-CHOCOLATE-BOOSTER

Für 1 Portion

Nährwerte: Pro Portion 340 kcal, 13 g E, 21 g F, 24 g KH

Zutaten:

25 g Zartbitterschokolade
100 ml ungesüßter Pflanzendrink (z. B. Erbse oder Mandel)
50 g gegarte Kidneybohnen (Glas oder Dose)
1 EL Roh- oder Backkakao
100 g Joghurt (oder pflanzliche Alternative)
1 EL Leinsamen
½ TL Zimtpulver
½ TL Vanilleextrakt
ca. ¼ TL Chilipulver

Zum Garnieren
etwas geraspelte Zartbitterschokolade (nach Belieben)

Zubereitung: ca. 15 Min.

1 Schokolade grob hacken und mit dem Pflanzendrink in einem Topf unter Rühren erwärmen, bis sie geschmolzen ist. Vom Herd nehmen und in einen leistungsstarken Mixer umfüllen.

2 Alle weiteren Zutaten hinzufügen und alles cremig pürieren. Je nach gewünschter Konsistenz noch etwas Wasser untermixen. In ein Glas füllen, nach Belieben mit Schokoraspeln garnieren und sofort servieren.

Extra-Kick für eure Gesundheit:
Nachmittagstief? Dieser Smoothie wirkt anregend und macht gute Laune! Dunkle Schokolade und Kakao enthalten den Wachmacher Koffein. Die Schärfe der Chili regt die Durchblutung an und wirkt belebend. Außerdem aktiviert die Chili-Schärfe die Bildung von glücklich machenden Endorphinen.

FITMACHER

Für 1 Portion

Nährwerte: Pro Portion 290 kcal, 30 g E, 10 g F, 19 g KH

Zutaten:

75 g Baby-Blattspinat
50 g Ananasfruchtfleisch (frisch oder TK)
½ Bio-Zitrone
50 g TK-Erbsen
1 EL Sonnenblumenkerne
25 g ungesüßtes Proteinpulver
1 TL Leinöl
1 Prise Cayennepfeffer

Zubereitung: ca. 10 Min.

1 Spinat verlesen und waschen, dann trocken schütteln. Ananas in grobe Stücke schneiden. TK-Ananas tiefgefroren verwenden. Zitrone schälen und in grobe Stücke schneiden.

2 Vorbereitete Zutaten mit tiefgefrorenen Erbsen, Sonnenblumenkernen, Proteinpulver, Öl, Cayennepfeffer und 250 ml Wasser in einem leistungsstarken Mixer fein pürieren. Je nach gewünschter Konsistenz eventuell noch etwas mehr Wasser untermixen. In ein Glas füllen und sofort servieren.

Extra-Kick für eure Gesundheit:
Ein Energietief ist oft Folge einer Blutzuckerachterbahn. Dieser Smoothie ist optimal, um den Blutzucker mit viel Eiweiß, gesundem Fett und wenig Kohlenhydraten zu stabilisieren. Das macht lange satt und bringt uns auf ein hohes Energielevel.

HEIDELBEER-BANANEN-SMOOTHIE

Für 1 Portion

Nährwerte: Pro Portion 370 kcal, 8 g E, 11 g F, 56 g KH

Zutaten:

1 reife Banane
1 Medjool-Dattel
150 g TK-Heidelbeeren
2 TL Mandelmus
2 TL Weizenkeime

Zubereitung: ca. 10 Min.

1 Bananen schälen, dabei auch das Innere der Schale auskratzen, alles in grobe Stücke schneiden. Dattel entsteinen und grob würfeln.

2 Beides in einen leistungsstarken Mixer füllen. Tiefgefrorene Heidelbeeren, Mandelmus, Weizenkeime und 250 ml Wasser zugeben. Alles zu einem cremigen Smoothie pürieren. Je nach gewünschter Konsistenz noch etwas mehr Wasser untermixen. In ein Glas oder eine kleine Flasche füllen und sofort servieren.

Extra-Kick für eure Gesundheit:
Genau richtig an anstrengenden Tagen: Dieser Mix macht mit vielen B-Vitaminen, Magnesium, gutem Fett und Antioxidantien gelassen und leistungsfähig. Wenn ihr dunkles Mandelmus verwendet (also Mus aus nicht blanchierten Mandelkernen), profitiert ihr von einem intensiveren Nussgeschmack und extra Ballaststoffen.

GRÜNER KOKOS-SMOOTHIE

Für 1 Portion

Nährwerte: Pro Portion 285 kcal, 5 g E, 22 g F, 15 g KH

Zutaten:

¼ Salatgurke
½ reife Avocado
50 g Baby-Blattspinat
2 Stiele Minze
½ Limette
½ rosa Grapefruit
50 ml Kokosmilch

Zum Servieren
Eiswürfel (nach Belieben)

Zubereitung: ca. 10 Min.

1 Gurke waschen und in grobe Stücke schneiden. Avocadofruchtfleisch aus der Schale und vom Kern lösen. Spinat und Minze waschen, beides trocken schütteln. Minzeblätter von den Stielen zupfen. Limette und Grapefruit schälen, beides grob zerteilen.

2 Alle vorbereiteten Zutaten mit Kokosmilch und 50 ml Wasser in einem leistungsstarken Mixer cremig pürieren. Je nach gewünschter Konsistenz noch etwas mehr Wasser untermixen. Smoothie in ein Glas füllen und, nach Belieben mit Eiswürfeln, sofort servieren. Alternativ einfach in den Becher zum Mitnehmen abfüllen!

Extra-Kick für eure Gesundheit:
Regt euren Stoffwechsel durch viel Vitamin C und gute Bitterstoffe aus Limette und Grapefruit an. Die erfrischende Säure der Zitrusfrüchte und die ätherischen Öle der Minze wirken belebend – besonders bei Hitze zu empfehlen!

ERDBEER-MANDEL-SMOOTHIE-BOWL

Für 1 Portion

Nährwerte: Pro Portion 465 kcal, 16 g E, 41 g F, 31 g KH

Zutaten:

125 g Erdbeeren (frisch oder TK)
1 reife Banane
40 g Mandelkerne
1 EL geschälte Hanfsamen
2 TL geröstete Mandelblättchen
1 TL Kakao-Nibs

Zum Garnieren
Minzeblätter

Zubereitung: ca. 15 Min.

1 Erdbeeren waschen, trocken tupfen und putzen. TK-Erdbeeren tiefgefroren verwenden. Für später 2 Erdbeeren beiseitelegen, den Rest halbieren. Banane schälen, dabei auch die Schale auskratzen. Ein kleines Stück Banane beiseitelegen, restliche Banane in grobe Stücke schneiden.

2 Obst mit Mandeln, Hanfsamen und 50 ml Wasser in einem leistungsstarken Mixer cremig pürieren. In eine Schale füllen.

3 Restliche Erdbeeren und Bananenstück in Scheiben schneiden. Zusammen mit den Mandelblättchen und den Kakao-Nibs dekorativ auf der Bowl verteilen. Mit Minze garniert servieren.

Extra-Kick für eure Gesundheit:

Banane und Kakao-Nibs liefern den Eiweißstoff Tryptophan, der für die Bildung von Glückshormonen nötig ist. So vertreibt diese Bowl Löffel für Löffel jedes ungnädige Stimmungstief!

Variante:
Für eine gelbe
Smoothie-Bowl einfach
Mango statt Erdbeeren
verwenden.

ENERGIEKICK

Für 1 Portion

Nährwerte: Pro Portion 245 kcal, 7 g E, 17 g F, 16 g KH

Zutaten:

½ reife Birne
100 g Zucchini
20 g Radieschensprossen
20 g Gartenkresse
1 EL Leinöl
1 EL Leinsamen
200 ml ungesüßter Pflanzendrink (z. B. Erbse oder Mandel)

Zubereitung: ca. 10 Min.

1 Birne in Spalten schneiden und vom Kerngehäuse befreien. Zucchini putzen, waschen und grob würfeln. Sprossen und Kresse kalt abspülen, je ca. 1 TL beiseitelegen.

2 Vorbereitete Zutaten mit Öl, Leinsamen, Pflanzendrink und ca. 50 ml Wasser in einem leistungsstarken Mixer fein pürieren. In ein Glas gießen, mit restlichen Sprossen sowie der Kresse garnieren. Sofort servieren.

Extra-Kick für eure Gesundheit:
Sprossen sind wahre Vitalstoffbomben. Denn beim Keimen explodiert ihr hoher Gehalt an Nährstoffen wie Vitaminen, Mineralstoffen, Eiweißen und gesunden Fetten geradezu. Auch Enzyme enthalten sie reichlich. Das macht sie zu echtem Powerfood, das unseren Stoffwechsel auf Trab bringt. Grüne Sprossen wie Kresse enthalten außerdem viel belebendes Chlorophyll – perfekt, um kleine Durchhänger schnell und effektiv zu überwinden.

6 DETOX-SMOOTHIES

Entgiften haben wir alle von Zeit zu Zeit nötig, um uns von Alltagsschadstoffen zu befreien. Detoxen funktioniert zwischendurch oder im Rahmen einer Mini-Kur – ganz, wie es in euren Zeitplan passt!

REINIGUNG MIT ZUTATEN AUS DER NATUR

Warum wollen oder sollen wir eigentlich detoxen? Das Wort stammt vom englischen „detoxification" und bedeutet „Entgiftung". Es geht also darum, **Dinge loszulassen, zu entwässern, zu entschlacken.** Der Körper (oder im übertragenen Sinne auch die Seele) soll komplett gereinigt werden.

Das ist in der heutigen Zeit wichtiger denn je: Im Alltag lauern überall kleine Mengen an **Umweltgiften, Mikroplastik, Bakterien, Schimmelpilze** – unter anderem in Lebensmitteln und Kosmetika. Elektrosmog und UV-Strahlen kommen noch hinzu. Vielleicht denkt ihr: So schlimm kann's ja gar nicht sein. Aber die **Dosis macht das Gift. Zu den körperlichen Folgen zählen unter anderem Hautprobleme, Gelenkschmerzen, Magen-Darm-Beschwerden, Schlafstörungen oder eine erhöhte Infektanfälligkeit.** Eine Reinigung mit Zutaten aus der Natur kann bei ganz unterschiedlichen Beschwerden helfen und allgemein euer Wohlbefinden steigern.

MEINE DREI DETOX-VARIANTEN

Beim Detoxen empfehle ich drei verschiedene Varianten – je nachdem, wieviel Zeit ihr habt.

1. Bei der Light-Version ersetzt ihr einfach euer Frühstück durch einen Detox-Smoothie. Einen solchen **Detox-Morgen** könnt ihr regelmäßig einlegen, zum Beispiel einmal pro Woche.

2. Ihr könnt auch einen ganzen Entgiftungstag einlegen: insgesamt 3 Detox-Smoothies, verteilt auf morgens, mittags und abends. Wann immer ich es schaffe, mache ich einen solchen **Detox-Tag** und plane dazu Aktivitäten ein, die den Reinigungsprozess unterstützen, zum Beispiel ein **Basenbad, eine schöne Gesichtsmaske oder einen Saunabesuch.** Viele von uns haben einen festen Putztag für die Wohnung oder fürs Haus. Warum nicht auch für den eigenen Körper? Schließlich ist er das Wichtigste, was wir haben. Da kommt der ganze Schmutz weg, es wird sozusagen auch in unserem Inneren mal „Staub gewischt".

3. Oder ihr macht gleich eine komplette **Detox-Kur (3 Tage):** Während man den Detox-Tag ruhig während einer Arbeitswoche machen kann (dann eben ohne Sauna und Co.), würde ich zu einer dreitägigen Kur nur raten, wenn ihr genug Zeit zum Ausruhen habt. Denn **Entgiften ist für den Körper anstrengend,** man wird dabei richtig müde und ist nicht mehr so leistungsfähig. Zusätzlich zu den Smoothies solltet ihr beim Detoxen **reichlich Wasser und Tee trinken** (z. B. Kräuter-, Brennnessel- oder Basentee) – daher ist es auch gut, wenn eine Toilette immer in der Nähe ist. Bei einer Mini-Kur könnt ihr weitere

Detox-Maßnahmen ergreifen, wie **Leberwickel** oder einen **Einlauf.** Intensiven Sport solltet ihr nicht treiben, aber Walking ist gut, denn es regt das Lymphsystem an. Digital Detox rundet euer Entgiftungsprogramm ab: Legt doch mal das Handy weg und lasst den Fernseher aus. Greift stattdessen zu einem Buch, das euren Geist „nährt". Oder lasst auch einfach nur mal die Gedanken schweifen …

IDEALE ZUTATEN FÜR DEN DETOX-SMOOTHIE

Ich liebe **Petersilie,** meine Eltern haben sie früher immer in ihrem Garten angepflanzt. Als kleines Mädchen aß ich sie gerne frisch gepflückt, heute werfe ich sie stängelweise in meine Detox-Smoothies. Ich bin eine große Petersilien-Anhängerin – und das solltet ihr auch werden! Denn Petersilie schwemmt dank des hohen Kaliumgehalts Bakterien, Gifte und andere Schadstoffe aus dem Körper aus, so beugt sie Nieren- und Blasensteinen vor. **Brennnesseltee** hat im Smoothie einen ähnlichen Effekt. Und auch **Artischocken** unterstützen Leber und Galle bei der Entgiftung.

Ingwer liebe ich – so sehr, dass ich mir ganze Scheiben junger Knollen sogar direkt aufs Brot lege. Auch in meinen Detox-Smoothies darf diese Zutat nicht fehlen. Denn die Scharfstoffe im Ingwer regen den Stoffwechsel und die Fettverbrennung an.

Mein Tipp:

BITTER ENTGIFTET

Ihr wollt euren Entgiftungsprozess nicht nur durch Smoothies vorantreiben? Dann setzt auf zusätzliche Bitterstoffe. Denn die unterstützen die Produktion von Verdauungssäften, stoppen Heißhungerattacken und helfen bei Beschwerden wie Blähungen, Verstopfung und Magenschmerzen. Es gibt Bittertropfen oder Bitter-Bonbons. Ich persönlich mag besonders Bittersprays, die ich direkt auf die Zunge sprühe. In solchen Produkten stecken natürliche Zutaten wie Auszüge von Artischocke, Löwenzahnkraut, Schafgarbe und Ringelblume.

REFRESHER

Für 1 Portion

Nährwerte: Pro Portion 100 kcal, 2 g E, 1 g F, 19 g KH

Zutaten:

50 g Ananasfruchtfleisch (frisch oder TK)
½ Granatapfel
¼ Salatgurke
1 Stange Staudensellerie
1 Bio-Zitrone
1 walnussgroßes Stück Ingwer
2 Stiele Petersilie

Zum Servieren

Eiswürfel oder Crushed Ice (nach Belieben)

Zubereitung: ca. 10 Min.

1 Ananas in grobe Stücke schneiden. TK-Ananas gefroren verwenden. Granatapfelkerne aus der Schale lösen. Gurke waschen und in grobe Stücke schneiden. Sellerie putzen, waschen, nach Bedarf entfädeln und in grobe Stücke schneiden. Zitrone schälen und grob zerteilen. Ingwer schälen und grob würfeln. Petersilie waschen, trocken schütteln und Blättchen von den Stielen zupfen.

2 Alle vorbereiteten Zutaten mit 150 ml Wasser in einem leistungsstarken Mixer fein pürieren. Je nach gewünschter Konsistenz noch etwas mehr Wasser untermixen. In ein Glas füllen und sofort servieren.

Extra-Kick für eure Gesundheit:

Ananas ist sehr enzymreich und regt sowohl die Verdauung als auch das Ausscheiden von überflüssigem Wasser an. Beides hilft dem Körper dabei, Schadstoffe schneller loszuwerden. Die weiteren Zutaten in diesem kalorienarmen Smoothie unterstützen den Detox-Effekt vor allem mit einer guten Portion Mineralstoffen.

PFLAUMEN-TRAUBEN-SMOOTHIE

Für 1 Portion

Nährwerte: Pro Portion 195 kcal, 4 g E, 10 g F, 21 g KH

Zutaten:

2 Pflaumen (oder Zwetschgen)
80 g dunkle Weintrauben
2 Blätter Radicchio (ca. 20 g)
1 haselnussgroßes Stück Ingwer
1 EL Nussmus
½ TL natürlicher Vanilleextrakt

Zum Garnieren
Pflaumenscheiben
Weintrauben

Zubereitung: ca. 10 Min.

1 Pflaumen waschen, entsteinen und grob würfeln. Trauben waschen und von den Rispen zupfen. Radicchio waschen und grob schneiden. Ingwer schälen und grob würfeln.

2 Alle vorbereiteten Zutaten mit Nussmus, Vanille und 200 ml Wasser in einem leistungsstarken Mixer fein pürieren. In ein Glas füllen und sofort servieren. Nach Belieben Pflaumenscheiben und Trauben abwechselnd auf Spieße stecken und den Smoothie damit garnieren.

Extra-Kick für eure Gesundheit:
Dieser Smoothie bringt die Verdauung in Schwung und wirkt sanft entwässernd. Das liegt an den roten Früchten, die außerdem mit einer guten Portion Antioxidantien punkten und eine schützende Wirkung auf unsere Körperzellen haben.

FRISCHE BRISE

Für 1 Portion

Nährwerte: Pro Portion 230 kcal, 27 g E, 12 g F, 3 g KH

Zutaten:

5 Radieschen, samt Grün
¼ Beet Gartenkresse
1 TL geriebener Meerrettich (Glas)
1 TL Zitronensaft
30 g ungesüßtes Proteinpulver
1 EL Rapsöl
Salz
Pfeffer

Zubereitung: ca. 10 Min.

1 Radieschen waschen, putzen und halbieren. Das Grün verlesen und grob schneiden. Kresse kalt abspülen und trocken schütteln.

2 Radieschen mit Grün und Kresse mit allen weiteren Zutaten und 200 ml Wasser in einem leistungsstarken Mixer fein pürieren. Mit Salz und Pfeffer würzig abschmecken. In eine Glas gießen und sofort servieren.

Extra-Kick für eure Gesundheit:

Radieschen, Kresse und Meerrettich regen durch ihre Senföle die Tätigkeit von Galle und Niere an. Das hilft dem Körper beim Entschlacken. Die Blätter vom Radieschen haben einen frisch-scharfen Geschmack und bringen eine gute Portion Vitamin C und Chlorophyll in den Smoothie – beides Stoffe, die anregend auf den Stoffwechsel wirken und unsere Zellen vor schädlichen Einflüssen schützen können.

GRÜNE DETOX-QUEEN

Für 1 Portion

Nährwerte: Pro Portion 175 kcal, 6 g E, 4 g F, 24 g KH

Zutaten:

1 Beutel Brennnesseltee
½ Bund Petersilie
50 g Baby-Blattspinat
2 Stangen Staudensellerie
½ grüner Apfel
½ Limette
30 g Granatapfelkerne
1 EL Chiasamen

Zubereitung: ca. 20 Min.

1 Teebeutel mit 250 ml kochendem Wasser übergießen und etwa 5 Minuten ziehen lassen. Teebeutel entfernen, Tee abkühlen lassen.

2 Petersilie waschen, trocken schütteln, Blätter von den Stielen zupfen. Spinat verlesen, waschen und abtropfen lassen. Sellerie putzen, waschen, nach Bedarf entfädeln und in grobe Stücke schneiden. Apfel in Spalten schneiden und vom Kerngehäuse befreien. Limette schälen und grob zerteilen.

3 Alle vorbereiteten Zutaten mit Granatapfelkernen, Chiasamen und abgekühltem Tee in einem leistungsstarken Mixer fein pürieren. In ein Glas füllen und sofort servieren.

Extra-Kick für eure Gesundheit:
Jede Menge Vitalstoffe und Bitterstoffe aus Kräutern, Gemüse und Obst bringen hier euren Organismus in Schwung und fördern die Ausscheidung von Schadstoffen und Wasser. Die Chiasamen quellen im Darm auf, was ebenfalls eine entgiftende Wirkung hat.

SÜSSKARTOFFEL-SMOOTHIE

Für 1 Portion

Nährwerte: Pro Portion 340 kcal, 6 g E, 3 g F, 70 g KH

Zutaten:

250 g Süßkartoffel
1 Orange
1 haselnussgroßes Stück Ingwer
100 ml ungesüßter Pflanzendrink (z. B. Erbse oder Mandel)
½ TL Zimtpulver
¼ TL Kurkumapulver

Zubereitung: ca. 10 Min.

1 Süßkartoffel schälen, waschen und grob würfeln. Orange schälen und grob zerteilen. Ingwer schälen und grob würfeln.

2 Alle vorbereiteten Zutaten mit Pflanzendrink, 100 ml Wasser und Gewürzen in einem leistungsstarken Mixer cremig pürieren. In eine kleine Flasche füllen und genießen.

Extra-Kick für eure Gesundheit:

Ein Smoothie, der den Säure-Basen-Haushalt in Balance bringt und so die Entgiftung fördert. Das liegt vor allem an den Süßkartoffeln, die reich an ausgleichendem Kalium sind. Das hat eine entwässernde und reinigende Wirkung auf den Körper. Ingwer und Kurkuma unterstützen die orangefarbene Knolle, die sich im Gegensatz zur (nicht verwandten) Kartoffel übrigens auch bedenkenlos in Maßen roh genießen lässt. Und zusätzlich regt sie auch noch den Stoffwechsel an!

ERFRISCHENDER KIWI-SMOOTHIE

Für 1 Portion

Nährwerte: Pro Portion 155 kcal, 2 g E, 11 g F, 11 g KH

Zutaten:

1 Kiwi
150 g Salatgurke
1 Stange Staudensellerie
3 Stiele Minze
½ Bio-Zitrone
1 EL Leinöl
1 Msp. gemahlener Kreuzkümmel
1 Prise Salz

Zum Servieren
Eiswürfel und Minze (nach Belieben)

Zubereitung: ca. 10 Min.

1 Kiwi schälen und grob würfeln. Gurke waschen und in grobe Stücke schneiden. Sellerie putzen, waschen, nach Bedarf entfädeln und in grobe Stücke schneiden. Minze waschen, trocken schütteln und die Blättchen von den Stielen zupfen. Zitrone schälen und grob zerteilen.

2 Alle vorbereiteten Zutaten mit Öl, Kreuzkümmel, Salz und 200 ml Wasser in einem leistungsstarken Mixer fein pürieren. Je nach gewünschter Konsistenz noch etwas mehr Waser untermixen. In ein Glas füllen, nach Belieben noch Eiswürfel dazugeben. Mit Minze garnieren und sofort servieren.

Extra-Kick für eure Gesundheit:
Diese prickelnde grüne Erfrischung mit Kiwi, Gurke, Minze und Zitrone wirkt sanft entwässernd. So werden überflüssige Wassereinlagerungen ausgeschwemmt und der Stoffwechsel entlastet.

Variante:
Für einen cremigeren Smoothie die Hälfte des Wassers durch Kokosmilch ersetzen und dafür nur 1 TL Leinöl hinzufügen.

BITTER-LIEBE

Für 1 Portion

Nährwerte: Pro Portion 95 kcal, 3 g E, 1 g F, 17 g KH

Zutaten:

1 Beutel Brennnesseltee
1 kleiner Chicorée
1 Möhre
2 Artischockenherzen (Glas)
1 Bio-Zitrone
1 TL Ahornsirup

Zum Servieren
Eiswürfel oder Crushed Ice

Zubereitung: ca. 20 Min.

1 Teebeutel mit 250 ml kochendem Wasser übergießen und etwa 5 Minuten ziehen lassen. Teebeutel entfernen, Tee abkühlen lassen.

2 Inzwischen Chicorée putzen, waschen und grob schneiden. Möhre putzen, schälen und in grobe Stücke schneiden. Artischocken abtropfen lassen. Zitrone schälen und grob schneiden.

3 Alle vorbereiteten Zutaten mit Tee und Ahornsirup in einem leistungsstarken Mixer fein pürieren. Mit Eiswürfel oder Crushed Ice in ein Glas oder eine kleine Flasche füllen und sofort servieren.

Extra-Kick für eure Gesundheit:
Dieser Smoothie schmeckt ungewohnt, da in unsere Ernährung die Geschmacksrichtung bitter kaum noch vorkommt. Jede Menge Bitterstoffe aus Chicorée, Brennnesseln und Artischocken tun jedoch richtig gut. Sie regen den Stoffwechsel an und aktivieren die Produktion von Verdauungssäften. Das fördert auch die Ausscheidung von Schadstoffen. Bitterstoffe bremsen außerdem den Appetit – dieser Smoothie eignet sich deshalb auch als natürliche Ess-Bremse bei Heißhunger.

BALLASTSTOFF-KING

Für 1 Portion

Nährwerte: Pro Portion 265 kcal, 10 g E, 9 g F, 32 g KH

Zutaten:

½ Fenchelknolle
½ Apfel
1 Stange Staudensellerie
1 Handvoll Minzeblätter
100 g Joghurt
1–2 TL Flohsamenschalen
1–2 TL geschroteter Leinsamen
1 EL Haferkleie

Zum Garnieren

Apfel- und Staudensellerie-scheiben
Minzblätter

Zubereitung: ca. 10 Min.

1 Fenchel putzen, waschen und in grobe Stücke schneiden. Apfel waschen, in Spalten schneiden und vom Kerngehäuse befreien. Sellerie putzen, waschen, nach Bedarf entfädeln und grob schneiden. Minze waschen und trocken schütteln.

2 Vorbereitete Zutaten mit Joghurt, Flohsamenschalen, Leinsamen, Haferkleie und 300 ml Wasser in einem leistungsstarken Mixer fein pürieren. In ein Glas füllen, auf einen Spieß abwechselnd Apfel, Staudensellerie und Minze stecken und gemeinsam sofort servieren.

Extra-Kick für eure Gesundheit:

Ein echter Darmputzer: Flohsamenschalen, Leinsamen und Haferkleie punkten mit sehr vielen Ballaststoffen. Ein Teil dieser Ballaststoffe sind wasserlösliche Ballaststoffe, die im Darm aufquellen und eine Art Gel bilden. So werden Schadstoffe gebunden und besser ausgeschieden. Wichtig: Reichlich Wasser dazu trinken, damit die Faserstoffe auch wirklich quellen können und nicht zu Verstopfung führen. Letzterem wirkt der Joghurt zusätzlich entgegen.

7 GOOD-NIGHT-SMOOTHIES

Ein kleines Betthupferl gefällig? Packt euch spät abends noch die Lust aufs Naschen, lasst Schokolade oder Chips lieber links liegen. Mixt euch stattdessen einen Smoothie, der die nächtlichen Gelüste auf gesunde Weise stillt und euch sogar beim Einschlafen hilft ...

HABT IHR EINEN ABENDLICHEN TRIGGER?

Wer von euch kennt's nicht? Ihr habt gut zu Abend gegessen, seid eigentlich rundum satt. Aber beim gemütlichen Couchabend oder Beisammensitzen **erwacht plötzlich die Lust auf einen Snack.** Schokolade, Kekse, Chips – was der heimische Schrank eben gerade so zu bieten hat. Wenn man weiß, dass diese Sachen da sind, greift man zack-zack zu. Und nochmal und nochmal. **Das ist menschlich!** Wer das nicht kennt, muss echt ein Avatar sein ...

Bei mir ging es sogar noch weiter: Als ich vor Jahren „Die Sopranos" anschaute (ja, das ist schon länger her), **fing ich nachts noch an zu kochen!** In der italo-amerikanischen Serie über eine Mafia-Familie wurde gerne mal gegessen, und das entfachte in mir den unbändigen Hunger auf Nudeln mit Bolognese-Sauce und Parmesan. An einen geruhsamen Schlaf war nach diesem „Snack" natürlich nicht mehr zu denken. Am nächsten Morgen wachte ich völlig gerädert auf und stöhnte: „Ich schaue nie wieder die Sopranos!"

Habt ihr auch **Trigger, die bei euch den Hunger wecken?** Manchmal lassen sie sich ja vermeiden, wenn man sie sich bewusst macht. Ich hatte Glück: „Die Sopranos" endeten und somit auch meine spätabendlichen Pasta-Partys.

BESONDERER ABSCHLUSS VOLLER ACHTSAMKEIT

Aber ein Betthupferl muss man sich nicht grundsätzlich verkneifen. Im Folgenden findet ihr Rezepte für Good-Night-Smoothies, die eure **Nachtruhe nicht stören, sondern sie sogar fördern!** Die könnt ihr euch bedenkenlos gönnen und müsst nicht mit knurrendem Magen ins Bett. Idealerweise trinkt ihr euren Good-Night-Smoothie spätestens **1 Stunde vorm Zubettgehen.** Ich bin eine Nachteule und gehe meist gegen 23 Uhr ins Bett. Um 19 Uhr gibt's Abendessen, und wenn ich noch Lust auf einen Smoothie habe, dann mache ich ihn mir gegen 21 Uhr.

Wichtig: Der Abend-Smoothie ist zu schade, um ihn **nebenbei vorm Fernseher** zu trinken. Denn dann realisiert man gar nicht, was man da gerade zu sich nimmt. Für meine letzte Trinkmahlzeit am Tag schaffe ich eine **schöne Atmosphäre:** Ich dimme das Licht, fülle den Smoothie in ein hübsches Glas und trinke ihn langsam Schluck für Schluck. So schaffe ich mir einen achtsamen Abschluss für meinen Tag.

IDEALE ZUTATEN FÜR DEN GOOD-NIGHT-SMOOTHIE

Die meisten Snacks, die man am Abend noch auf die Schnelle reinmümmelt – vom Butterbrot über gesalzene Erdnusskerne bis hin zu Pralinen – machen die Nachtruhe kaputt. Die Verdauung hat ordentlich zu tun, und der Körper wird noch mal aufgeputscht und nicht, wie vorgesehen, heruntergefahren.

Besser ist es, sich schnell einen Smoothie zu mixen. Gebt ihr **Kirschen** (frisch, tiefgefroren oder aus dem Glas, am besten ungezuckert!) hinzu, versorgen diese euch mit einer großen Menge des Schlafhormons Melatonin. **Kamillentee** wirkt beruhigend, genau wie **Vanille.** Auch eine Super-Zutat am Abend: **Nussmus.** Denn es enthält die Aminosäure Tryptophan, die sowohl das Melatonin-Level als auch das des Glückshormons Serotonin steigen lässt. Studien haben ergeben, dass Tryptophan die Einschlafzeit verkürzt und die Schlafqualität verbessert.

Wer seinen Tag gerne herzhaft und knackig beendet, fügt seinem Smoothie **Chicorée** hinzu. Die Blätter haben durch den Bitterstoff Lactucopikrin eine einschläfernde Wirkung. Ich wünsche euch eine gute und vor allem erholsame Nacht!

Mein Tipp:

NOCH KURZ NACKT AUF DEN BALKON

Mein Schlaf ist mir heilig. Daher würde ich abends nie vor laufendem Fernseher auf der Couch wegnicken. Ich lasse meinen Schlaf nicht nebenbei geschehen, dafür empfinde ich ihn als zu kostbar.

Mit ihm beginnt für mich das letzte Kapitel des Tages. Daher ziehe ich eine klare Grenze: Ich schnappe nochmal kurz Luft auf dem Balkon (wenn gerade niemand aus den Nachbarhäusern schaut, am liebsten nackt) oder entspanne unter der Dusche. Danach schalte ich alle digitalen Medien aus und mache es mir im Bett gemütlich. Ich gehe im Kopf den Tag durch, und meist schlafe ich darüber schon ein. Funktioniert besser als Schäfchenzählen!

WARMER TEE-SMOOTHIE

Für 1 Portion

Nährwerte: Pro Portion 180 kcal, 4 g E, 4 g F, 29 g KH

Zutaten:

¼ Vanilleschote
1 Beutel Kamillentee
1 Zimtstange
1 Möhre
1 Orange
1 walnussgroßes Stück Ingwer
1 TL ungesüßtes Nussmus
etwas Honig zum Süßen (nach Belieben)

Zubereitung: ca. 15 Min.

1 Im Wasserkocher 250 ml Wasser aufkochen. Vanilleschote der Länge nach aufschlitzen. Teebeutel, Vanilleschote und Zimtstange in eine Tasse geben und mit dem heißen Wasser überbrühen. Das Ganze etwa 5 Minuten ziehen lassen.

2 Inzwischen Möhre schälen, putzen und in grobe Stücke schneiden. Orange schälen und grob zerteilen. Ingwer schälen und grob würfeln.

3 Teebeutel und Gewürze aus dem Tee nehmen (Vanilleschote und Zimtstange trocknen, sie können wiederverwertet werden, Seite 140 Vanille-Träumchen). Alle vorbereiteten Zutaten mit Tee und Nussmus in einem leistungsstarken Mixer fein pürieren. Nach Belieben mit etwas Honig süßen und sofort warm servieren.

Extra-Kick für eure Gesundheit:

Dieser Smoothie ist perfekt zum Runterkommen an stressigen Tagen. Er wärmt Schluck für Schluck den Körper und die Seele. Kamille, Vanille und Zimt entfalten ihre entspannende und beruhigende Wirkung. Das Nussmus unterstützt die Bildung des Wohlfühlhormons Serotonin. Das bereitet uns auf süße Träume und eine erholsame Nacht vor.

BETTHUPFERL-SMOOTHIE

Für 1 Portion

Nährwerte: Pro Portion 305 kcal, 6 g E, 8 g F, 51 g KH

Zutaten:

125 g TK-Süßkirschen
1 reife Banane
50 g Kopfsalatblätter
2 TL ungesüßtes Cashewmus (alternativ helles Mandelmus)
2–3 Tropfen natürlicher Vanilleextrakt
1 Msp. gemahlenes Anispulver (nach Belieben)

Zubereitung: ca. 10 Min.

1 Kirschen in einen leistungsstarken Mixer füllen und etwa 5 Minuten antauen lassen.

2 Inzwischen die Banane schälen, dabei das Innere der Schale auskratzen und in grobe Stücke schneiden. Salat waschen, putzen und abtropfen lassen. Beides mit den weiteren Zutaten sowie etwa 100 ml Wasser zu den Kirschen geben. Alles cremig pürieren, dabei eventuell noch etwas Wasser untermixen, sodass eine leicht dickflüssige Konsistenz entsteht. Smoothie in ein Glas füllen und sofort servieren.

Extra-Kick für eure Gesundheit:

Wer Probleme mit dem Ein- oder Durchschlafen hat, sollte diesen Drink mal abends probieren. Kirschen sind eine natürliche Melatoninquelle, die dem Sandmännchen auf die Sprünge helfen. Das Magnesium aus den Cashewkernen hilft dabei, unsere Muskeln zu entspannen, der Salat enthält beruhigende Bitterstoffe. Vanille und Anis runden den Mix mit entspannenden ätherischen Ölen ab.

GOLDENE-MILCH-SMOOTHIE

Für 1 Portion

Nährwerte: Pro Portion 335 kcal, 8 g E, 13 g F, 44 g KH

Zutaten:

1 TL Kokosöl
1 TL Kurkumapulver
½ TL Zimtpulver
1 gute Prise schwarzer Pfeffer
1 haselnussgroßes Stück Ingwer
½ Banane
150 g TK-Mangostücke
100 g Joghurt (oder ungesüßte pflanzliche Alternative)
100 ml Milch (oder ungesüßter Pflanzendrink)

Zum Garnieren
einige Kokoschips, geröstet

Extra-Kick für eure Gesundheit:
Bei Problemen mit der Verdauung kann dieser Smoothie helfen. Denn Kurkuma wirkt dank vieler ätherischer Öle wohltuend, das Curcumin beruhigt erwiesenermaßen den Magen und wirkt günstig bei Verdauungsbeschwerden. Der Milchzucker (Laktose) aus Milch und Joghurt sowie die probiotischen Bakterien aus dem Joghurt unterstützen eine gesunde Darmflora.

Zubereitung: ca. 10 Min.

1 Öl in einem kleinen Topf schmelzen. Kurkuma hinzufügen und alles unter Rühren 1–2 Minuten andünsten. Zimt und Pfeffer unterrühren, vom Herd nehmen.

2 Ingwer schälen und grob würfeln. Banane schälen, dabei auch das Innere der Schale auskratzen, alles in grobe Stücke schneiden. Ingwer und Banane mit tiefgefrorenen Mangostücken, Joghurt, Milch und ca. 100 ml Wasser in einen leistungsstarken Mixer füllen. Kurkumamischung hinzufügen – wer mag, behält ein paar Tropfen davon zurück, um sie später zum Garnieren zu verwenden – und alles zu einem cremigen Smoothie mixen. Je nach gewünschter Konsistenz noch etwas mehr Wasser untermixen.

3 Smoothie in ein Glas füllen, mit Kokoschips garnieren und sofort servieren.

CHERRY KISS

Für 1 Portion

Nährwerte: Pro Portion 270 kcal, 7 g E, 11 g F, 35 g KH

Zutaten:

½ reife Birne
½ Bio-Zitrone
100 g TK-Süßkirschen
50 g Seidentofu
1 EL Mandelmus
½ TL natürlicher Vanilleextrakt

Zubereitung: ca. 10 Min.

1 Birne waschen, in Spalten schneiden und vom Kerngehäuse befreien. Zitrone heiß waschen, Schale fein abreiben, Saft auspressen.

2 Tiefgefrorene Kirschen, Birne, Zitronenschale und -saft, Tofu, Mandelmus, Vanille und 50 ml Wasser in einem leistungsstarken Mixer cremig pürieren. Je nach gewünschter Konsistenz noch etwas mehr Wasser untermixen. Smoothie in ein Glas füllen und sofort servieren.

Extra-Kick für eure Gesundheit:

Den Smoothie am besten etwa 2 Stunden vor dem zu Bett gehen trinken. So hat der Körper ausreichend Zeit für die Verdauungsarbeit. Die natürlichen Wirkstoffe der Zutaten – vor allem Melatonin in den Kirschen und Magnesium im Mandelmus – können ihre schlaffördernde Wirkung entfalten. Das Getränk langsam und achtsam genießen, auch das hilft beim Abschalten nach einem langen Tag und stellt uns auf die Nachtruhe ein.

SLEEPING BEAUTY

Für 1 Portion

Nährwerte: Pro Portion 385 kcal, 7 g E, 29 g F, 23 g KH

Zutaten:

½ reife Avocado
1 reife Aprikose
½ gelbe Paprikaschote
20 g Walnusskerne
1 Medjool-Dattel
100 ml ungesüßter Pflanzendrink
100 ml ungesüßter Sanddornsaft (Drogerie, Reformhaus, Bioladen oder Apotheke)

Zum Garnieren
Aprikosenscheiben
Datteln

Zubereitung: ca. 10 Min.

1 Avocadofruchtfleisch aus der Schale und vom Kern lösen. Aprikose waschen, halbieren, entsteinen und Fruchtfleisch in grobe Stücke schneiden. Paprikaschote putzen, waschen und grob würfeln. Nusskerne grob hacken. Dattel entsteinen und grob würfeln.

2 Alle vorbereiteten Zutaten mit Pflanzendrink, Sanddornsaft und 50 ml Wasser in einem leistungsstarken Mixer fein pürieren. Je nach gewünschter Konsistenz noch etwas mehr Wasser untermixen. In ein Glas gießen und sofort servieren. Mit Aprikosenscheiben und Datteln garnieren.

Extra-Kick für eure Gesundheit:

Dieser Smoothie bringt die Haut zum Strahlen! Sanddorn regeneriert die Haut und beugt zusammen mit den ungesättigten Fetten und Vitamin E aus Avocado und Walnusskernen vorzeitiger Hautalterung und Entzündungen entgegen. Der Farbstoff Beta-Karotin aus Aprikose und Paprikaschote macht hautschädigende freie Radikale unschädlich und verleiht der Haut einen tollen Glow.

VANILLE-TRÄUMCHEN

Für 1 Portion

Nährwerte: Pro Portion 200 kcal, 4 g E, 14 g F, 15 g KH

Zutaten:

½ reife Avocado
½ kleine Banane
¼ Vanilleschote
100 ml Kokosmilch
1 TL geschälte Hanfsamen
1 TL Leinsamen
1 Prise Salz

Zubereitung: ca. 10 Min.

1 Avocadofruchtfleisch aus der Schale und vom Kern lösen. Banane schälen, dabei auch das Innere der Schale auskratzen, alles in grobe Stücke schneiden. Vanilleschote längs aufschneiden, Mark herauskratzen.

2 Vorbereitete Zutaten mit Kokosmilch, Hanf- und Leinsamen, Salz sowie 50 ml Wasser in einem leistungsstarken Mixer cremig pürieren. In ein Glas gießen und sofort servieren.

Extra-Kick für eure Gesundheit:

Vanille tut der Seele gut: Studien konnten zeigen, dass sie Ängste lösen kann, für Entspannung sorgt und Schlafstörungen beheben kann. Das liegt daran, dass ihr Duft die Produktion des Glückshormons Serotonin im Gehirn anregt.

Mein Tipp:
Die ausgekratzte Vanilleschote nicht wegwerfen! Sie hat noch sehr viel Aroma. Ihr könnt sie trocknen und dann z. B. in ein Schraubglas mit Zucker oder Salz legen, das ergibt Vanillezucker bzw. Vanillesalz.

SCHARFES MÖHRCHEN

Für 1 Portion

Nährwerte: Pro Portion 325 kcal, 28 g E, 18 g F, 12 g KH

Zutaten:

1 TL Olivenöl
¼ TL Currypulver
1 Msp. Chilipulver
1 Möhre
1 Stange Staudensellerie
1 walnussgroßes Stück Ingwer
50 ml Kokosmilch
1 EL Zitronensaft
30 g ungesüßtes Proteinpulver

Zubereitung: ca. 10 Min.

1 Öl in einem kleinen Topf erhitzen. Curry- und Chilipulver einrühren, unter weiterem Rühren 1–2 Minuten andünsten. Vom Herd nehmen.

2 Möhre schälen, putzen und in grobe Stücke schneiden. Sellerie putzen, waschen, nach Bedarf entfädeln und ebenfalls in grobe Stücke schneiden. Ingwer schälen und grob würfeln.

3 Möhre, Sellerie, Ingwer, Kokosmilch, Zitronensaft und Proteinpulver in einen leistungsstarken Mixer füllen. Currymischung hinzufügen und alles zu einem cremigen Smoothie mixen. In ein Glas umfüllen und sofort servieren.

Extra-Kick für eure Gesundheit:

Smoothie mit Schlank-im-Schlaf-Effekt: Ingwer, Chili und Curry liefern jede Menge Scharfstoffe, die dem Stoffwechsel einheizen. Das regt die Fettverbrennung während der Esspause in der Nacht an. Unterstützt wird diese Wirkung dadurch, dass der Smoothie low carb ist, also viel Eiweiß und wenig Kohlenhydrate liefert. So bleibt der Blutzuckerspiegel niedrig, es wird kaum Insulin produziert und der Körper kann »in Ruhe« Fett verbrennen.

SLEEPY GREEN

Für 1 Portion

Nährwerte: Pro Portion 310 kcal, 6 g E, 10 g F, 48 g KH

Zutaten:

1 Mini-Römersalatherz
2 Stiele Basilikum
½ reife Banane
1 Orange
½ Apfel
1 TL Nuss- oder Mandelmus
1 TL Hanfsamen
100 ml Kamillentee, abgekühlt

Zubereitung: ca. 10 Min.

1 Salat putzen, in einzelne Blätter teilen, waschen, abtropfen lassen und grob schneiden. Basilikum waschen, trocken schütteln und Blätter von den Stielen zupfen. Banane schälen, dabei das Innere der Schale auskratzen und in grobe Stücke schneiden. Orange schälen und grob zerteilen. Apfel in Spalten schneiden und vom Kerngehäuse befreien.

2 Alle vorbereiteten Zutaten mit Nuss- oder Mandelmus, Hanfsamen und Tee in einem leistungsstarken Mixer fein pürieren. In ein Glas füllen und sofort servieren.

Extra-Kick für eure Gesundheit:

Die ätherischen Öle aus dem Basilikum haben eine entspannende und ausgleichende Wirkung. Das macht den Smoothie zusammen mit den beruhigenden Bitterstoffen aus dem Salat und der müde machenden Wirkung der Kamille zur ersten Wahl, um Abends abzuschalten und sich auf den Schlaf vorzubereiten.

NACHGEFRAGT BEI MONI

Moni, was ist dein absoluter Lieblings-Smoothie?
Ich habe zwei. Den „Wachmacher" von Seite 32 liebe ich! Der ist morgens mein Favorit, weil er mir einen Frische-Kick gibt und mich fit für den Tag macht. Ich kriege schon gute Laune, wenn ich nur dran schnuppere. Und er schmeckt noch besser als er riecht! Abends mag ich besonders den „Salted-Caramel-Smoothie" von Seite 80. Der ist perfekt zum Runterkommen.

Angenommen, jemand behauptet, er mag keine Smoothies …
*… dann überzeuge ich ihn gerne mit meiner Einsteiger-Rezeptur, die wirklich jedem schmeckt! Dafür mixt man **100 ml ungesüßte Pflanzenmilch** mit **1 EL feinen Haferflocken, 1 EL geschroteten Leinsamen** sowie **180 g ungesüßtem Joghurt** (aus Kuhmilch oder eine pflanzliche Variante). Dazu kommt **Obst,** das der- oder diejenige besonders gerne mag – zum Beispiel 1 Handvoll Erdbeeren oder 2 Pfirsiche. Das ist eine sichere Bank!*

Gab's eine Zutat, die dir im Smoothie nicht geschmeckt hat?
Ja, roher Fenchel mit Orangen – das war wirklich keine gute Idee. Diese Kombination schmeckt einfach besser kleingeschnitten als Salat.

Was machst du, wenn ein Smoothie mal daneben geht?
Auf keinen Fall wegschütten! Lieber im Eiswürfelbehälter einfrieren und dann einzeln zur nächsten Smoothie-Mischung geben. Dadurch geht der ungeliebte Geschmack unter, aber man profitiert trotzdem von den guten Nährstoffen. Wäre doch schade, wenn die im Abfluss landen …

Auf Seite 114 erklärst du, wie eine Kur mit Detox-Smoothies funktioniert. Kann man die auch mit anderen Rezepten durchführen?

Natürlich! Nur würde ich dann nicht mehr von einer Detox-, sondern von einer Nährstoff-Kur sprechen. Die eignet sich besonders für Menschen, die das Gefühl haben, im Alltag zu wenig Frisches zu sich zu nehmen – als eine Art Pause von Convenience Food und stark verarbeiteten Lebensmitteln. Ich empfehle drei Smoothies pro Tag, maximal fünf.

Muss ich mich genau an die Rezepte im Buch halten oder kann ich auch variieren?

Für den Anfang sind die Rezepte als Orientierung goldrichtig! Aber je mehr Smoothies man mixt, desto mehr merkt man, welche Komponenten man für eine gute Textur benötigt und was einem selbst am besten schmeckt. Dann kann man anfangen auszuprobieren: Chia- statt Leinsamen, Erbsen- statt Mandelmilch, Beeren statt Kiwi … Probieren geht über studieren, heißt es doch so schön – auch in der Küche!

NACHWORT

Der Mensch ist ein **Gewohnheitstier.** Im Alltagstrott kaufen wir oft die gleichen Lebensmittel ein, kochen nach den gleichen Rezepten – oder setzen der Einfachheit halber auf Fertiggerichte, weil's schneller geht. Gewohnheiten können dazu führen, dass wir uns auf Dauer **zu einseitig ernähren.** Auch mir ging es früher so, ich aß zum Beispiel viel zu viel Brot.

Doch in den vergangenen Jahren hat sich mir durch meine Ausbildungen (u.a. zur Ernährungsberaterin, Pilates- und Meditationstrainerin) und den damit verbundenen Erfahrungen **eine neue Welt eröffnet.** Eine, in der ich nicht mehr Kalorien zähle, sondern die Nährstoffe, die ich meinem Körper täglich zur Verfügung stelle. Es geht mir nicht mehr nur ums Essen und Genießen. Ich richte meinen Fokus darauf, dass ich mit den richtigen Zutaten eine **gesunde Basis** für meine Ernährung schaffe. Wobei der Genuss dabei keinesfalls auf der Strecke bleibt. Inzwischen habt ihr vermutlich das ein oder andere Smoothie-Rezept aus diesem Buch probiert und habt gemerkt, wie unglaublich lecker die Resultate sind!

Hoffentlich habt ihr ebenso gespürt, dass diese Smoothies euch Lebensfreude und Energie schenken – **ein unbezahlbarer Mehrwert!** „Drink the Rainbow" soll euch dazu inspirieren, mehr Farbe in euren Ernährungsalltag zu bringen. Ganz schnell und easy. Man muss eben nur wissen wie. Und egal, ob Smoothie oder feste Nahrung: Habt ab sofort immer **den bunten Regenbogen vor eurem inneren Auge** und überlegt, ob ihr heute schon genug Farben „abhaken" konntet. Es gilt: **Je bunter, desto besser** – so wie bei allem im Leben!

Alles Liebe
Eure

REZEPTREGISTER

ZUTATENREGISTER

ZUR AUTORIN

Monica Meier-Ivancan ist Model, Influencerin, Ernährungsberaterin, Pilates-Trainerin, Autorin und Mutter zweier wunderbarer Kinder.
Für die nötige Energie in ihrem oft trubeligen Alltag sorgt die richtige Ernährung – und dazu gehören natürlich auch gesunde, leckere und vor allem frisch zubereitete Smoothies, die dank ihrer farbenfrohen Zutaten viele wertvolle Nährstoffe liefern. Mit ihren abwechslungsreichen Kreationen hat die Autorin schon Familie, Freunde und zahlreiche Follower*innen in den sozialen Medien begeistert.

IMPRESSUM

Hinter jedem tollen Buch steckt ein starkes Team

Projektleitung: *Nadine Widl*
Texte: *Anna Butterbrod, www.brodzeit.de*
Rezepte: *Inga Pfannebecker*
Lektorat: *Annika Genning*
Covergestaltung: *ZERO Werbeagentur, München*
Grafisches Konzept und grafische Gestaltung: *31Media GmbH, Stephanie Willing*
Satz: *31Media GmbH, Stephanie Willing*
Foodfotografie/-styling: *31Media GmbH, Ben Fuchs*
Peoplefotografie: *31Media GmbH, Ben Fuchs*
Weitere Bilder: *Shutterstock*
Herstellung: *Frank Jansen*
Producing: *Jan Russok*
Druck & Bindung: *optimal media GmbH, Röbel*

2. Auflage 2024

Kaiserstraße 14 b
D-80801 München
ISBN: 978-3-96584-410-0

Weitere Bücher der Autorin:

- Meine wunderbare Basenküche
- Jetzt bin ich dran!

HINWEIS

Die Ratschläge in diesem Buch wurden mit größter Sorgfalt von Autorin und Verlag erarbeitet und geprüft. Eine Garantie kann jedoch nicht übernommen werden. Ebenso ist eine Haftung der Autorin bzw. des Verlags und seiner Beauftragten für Personen-, Sach- oder Vermögensschäden ausgeschlossen. Erkrankungen mit ernstem Hintergrund gehören in ärztliche Behandlung! Bei bereits bestehenden Beschwerden kann das Buch daher keinen fachärztlichen Rat ersetzen.

LIEBE LESERINNEN, LIEBE LESER,

wie schön, dass Sie ein Buch von ZS in den Händen halten. „Jetzt leben!“ ist das Motto unseres Verlages. Es steht für Genuss und Inspiration, Unterstützung und Motivation. Ob Kulinarik oder Fitness, Gesundheit oder Lebenshilfe – seit über 30 Jahren bieten wir kompetente Ratgeber für (fast) alle Lebenslagen. Wir lieben Tradition genauso wie Innovation – sie treiben uns an. Unsere Autorinnen und Autoren sind Menschen, die zu ihrem Thema wirklich etwas zu sagen und zu schreiben haben. Unsere Produkte sind erzählerisch, appetitmachend und als gedruckte Bücher haptisch echte Erlebnisse. Für Sie mit ganz viel Liebe gemacht! Entdecken Sie mehr aus unserer wunderbaren Welt!

UNSER VERLAGSHAUS

Mit Standorten in Hamburg und München zählt die Edel Verlagsgruppe zu den größten unabhängigen Buchanbietern Deutschlands. Zur Gruppe gehören die Verlage Dr. Oetker Verlag, Edel Sports, KARIBU und ZS.

ZS - Ein Verlag der Edel Verlagsgruppe
www.zsverlag.de
www.facebook.com/zsverlag
www.instagram.com/zsverlag

FÜR DIE UMWELT

ZS unterstützt bei der Produktion dieses Buches das Projekt „Junge Riesen für die nächsten 100 Jahre“ im Naturpark Nossentiner/Schwinzer Heide. Damit wird ein Anteil der unvermeidbaren CO2-Emissionen im direkten Umfeld des Produktionsstandortes kompensiert.

PARTNER
Naturpark
Nossentiner / Schwinzer Heide
www.optimal-media.com/naturschutzprojekt-001

NEWSLETTER

Was koche ich heute Feines? Und wie geht das – schmackhaft und gesund?

Melden Sie sich jetzt zum ZS-Genuss-Service an und verpassen Sie keine kulinarischen und gesundheitlichen Trends mehr.
Wir informieren Sie regelmäßig über unsere Neuerscheinungen, Aktionen oder Gewinnspiele und verraten Ihnen unsere Lieblingsrezepte!

GEWINNEN

Unter allen Neuabonnierenden verlosen wir jeden Monat eine *ZS-Genuss-Box* im Wert von 75,00 €.

Jetzt anmelden unter:
www.zsverlag.de/newsletter

oder den QR Code scannen:

ANMELDEN!